LES
DÉLICES
DE LA MER

INTRODUCTION : BEVERLEY PIPER

COMPILATION DES RECETTES : JUDITH FERGUSON

PHOTOGRAPHIES : PETER BARRY

RÉDACTRICE EN CHEF : JILLIAN STEWART

CONCEPTION GRAPHIQUE : CLAIRE LEIGHTON

COUVERTURE : ZAPP

TEXTE FRANÇAIS : MÉTRIFUSION

© 1992 Colour Library Books Ltd., Godalming, Surrey, Angleterre.
Tous droits réservés.
Publié en 1993 par
Les Éditions Brimar inc., 338, rue Saint-Antoine Est, Montréal, Canada H2Y 1A3
Tél. (514) 954-1441 • Fax (514) 954-1443
Imprimé au Canada
ISBN 2-89433-051-0

LES DÉLICES
DE LA MER

JUDITH FERGUSON

BRIMAR

TABLE DES MATIÈRES

INTRODUCTION

Nous consommons de plus en plus de poissons et de fruits de mer. À en entendre parler, il est presque impossible de ne pas s'imaginer des pêcheurs rentrant au port avec leurs prises, ce qui n'est pas sans nous faire aimer davantage les fruits de mer et les poissons. Quels autres aliments sont disponibles en autant de variété?

Rien n'est comparable aux fruits de mer et poissons frais, si tendres lorsqu'ils sont bien apprêtés. Comment ne pas avoir la curiosité d'en savoir plus sur cette excellente source nutritive et sur la façon de l'intégrer aux repas familiaux, lorsqu'elle nous est offerte sur le marché en une aussi grande diversité?

Le poisson est un aliment riche en protéines et faible en Calories. Le poisson à chair blanche renferme très peu de gras, tandis que le poisson à chair grasse peut en contenir entre 0,5 et 20 %. De plus, les médecins croient que les acides gras contenus dans ce dernier peuvent aider à la prévention de problèmes coronariens.

Non seulement les poissons renferment très peu de glucides, mais ils sont une excellente source de vitamines. Les poissons à chair grasse sont particulièrement riches en vitamines A et D, la thiamine et la riboflavine.

Avec autant de richesses, cet aliment à la fois délicieux et nutritif, facile d'accès, devrait être consommé très souvent. Malheureusement, bien des gens pensent que les poissons et fruits de mer sont difficiles à apprêter. Bien entendu, il n'en est rien. En suivant minutieusement les instructions de ce livre, les différentes méthodes de préparation et de cuisson vous surprendront par leur grande simplicité.

Une chose inquiète cependant quant au poisson : son odeur. Un grand chef a dit un jour : «Le poisson devrait sentir comme la marée. Lorsqu'il sent le poisson, il est trop tard.» Alors, assurez-vous, lorsque vous achetez du poisson, qu'il ait un arôme de marée et que la chair soit bien humide et bien fraîche.

COMMENT CHOISIR UN POISSON

Cette sélection de fruits de mer (à gauche) comprend : un crabe à carapace dure (en haut, à gauche); un homard cuit (en haut, à droite); des huîtres, qui peuvent s'acheter décoquillées ou non (2ᵉ rangée à gauche); un crabe bleu (2ᵉ rangée, au milieu); des moules; des pétoncles (3ᵉ rangée, à gauche); des palourdes (3ᵉ rangée, au milieu); des crevettes, pouvant s'acheter fraîches (3ᵉ rangée, à droite), cuites sans la tête ou entières; des calmars (en bas, à droite).

Les poissons sont souvent classés de différentes façons – d'abord selon le type de chair:

Les poissons à chair blanche qui comprennent la morue, la sole et le bar.

Les poissons à chair grasse dont l'huile que contient leur chair leur donne une teinte grise ou rougeâtre et qui comprennent la truite, le maquereau et la sardine.

Les fruits de mer qui se classent en deux groupes : les crustacés, comme le crabe et le homard, qui ont habituellement une carapace et des membres, et les mollusques, comme les moules et les huîtres, qui n'ont seulement qu'un coquillage.

Les poissons sont aussi classés d'après leur forme :

Les poissons ronds ont un corps arrondi avec des yeux de part et d'autre de la tête, et nagent toujours avec la nageoire dorsale en haut. Ce groupe renferme une grande variété de poissons allant du saumon au requin.

Les poissons plats ont les deux yeux sur le dessus de la tête et nagent sur le côté. Ils sont faciles à apprêter et se cuisent rapidement. Ce groupe renferme la raie et la plie.

Le poisson peut s'acheter dans une grande variété de formes, de tailles et de coupes. Cette page vous en offre une petite sélection. Dans le sens des aiguilles d'une montre : un poisson plat entier; un poisson rond vidé; un poisson paré, sans tête ni queue; une darne; des morceaux de poisson à chair blanche, une darne papillon avec peau, des filets sans peau, des filets avec peau et un poisson rond entier.

L'achat d'un poisson

Il est important de choisir le poisson le plus frais possible pour un repas. Il est souvent plus avantageux et plus économique d'acheter un poisson entier plutôt qu'en coupe, et il est aussi plus facile d'en juger la fraîcheur. Le poisson doit avoir une apparence fraîche et humide, les yeux brillants, la chair ferme, les ouïes rouges, les écailles luisantes, et ne dégager aucune odeur désagréable. Certains poissons sont enduits d'une humeur visqueuse naturelle qui s'enlève facilement lorsqu'on les rince. Si vous n'achetez pas un poisson entier, basez-vous sur les mêmes critères pour choisir des filets ou des darnes. La chair doit avoir une apparence humide et brillante, et la chair des poissons à chair blanche doit être vraiment très blanche.

Il est préférable de consommer le poisson le jour même de son achat, mais s'il doit être conservé quelque temps, il doit être vidé, lavé et gardé au réfrigérateur dans un contenant hermétique. Les fruits de mer se détériorent rapidement et doivent être achetés pour une utilisation immédiate.

Vous trouverez une grande variété de poissons et de fruits de mer chez votre poissonnier, qui seront vendus soit déjà parés, soit entiers. Il n'est pas difficile de nettoyer et d'apprêter un poisson. Il suffit de suivre les photographies étape par étape des pages qui suivent et vous serez surpris de la rapidité avec laquelle votre poisson sera prêt pour la cuisson.

Le poisson surgelé

Le poisson frais est saisonnier, mais le poisson surgelé est, bien entendu, disponible toute l'année. C'est une excellente façon d'acheter le poisson, car seuls ceux de première qualité sont surgelés dès qu'ils sont pêchés pour préserver leur fraîcheur. De plus, le poisson surgelé est toujours prêt pour la cuisson avant d'être surgelé, ce qui en facilite la préparation.

Le poisson à chair blanche peut se garder jusqu'à quatre mois au congélateur, tandis que le poisson à chair grasse ne se garde que trois mois à cause de sa haute teneur en gras. Les fruits de mer congelés, surtout les crevettes, doivent se consommer en dedans de deux mois. Les plats cuisinés à base de poisson se congèlent aussi très bien, mais ne devraient pas se garder au-delà de deux mois. Pour obtenir de meilleurs résultats, faites décongeler le poisson au réfrigérateur pendant la nuit.

Le poisson en conserve

Le poisson en conserve est une façon formidable d'avoir toujours quelque chose de prêt sous la main. Il se garde plus ou moins indéfiniment et est idéal pour les pique-nique ou pour dépanner lorsque des invités inattendus se présentent. Le poisson à chair grasse convient particulièrement à la mise en conserve et s'utilise dans un grand nombre de recettes.

Le poisson fumé

Le fumage est une méthode de conservation du poisson, lui conférant son goût caractéristique de «fumée» – le hareng est probablement l'un des poissons fumés le mieux connu et le plus disponible, bien que le maquereau fumé se trouve maintenant de plus en plus et est souvent servi en hors-d'œuvre.

Sans parler du saumon dont la chair est nettoyée et détaillée en filets avant d'être fumée à froid dans un fumoir, souvent au-dessus d'un lit de copeaux de pommier et de sciure de chêne, ce qui explique sa couleur foncée, son apparence transparente et son goût délicieux.

La valeur nutritive du poisson

Le poisson est une des sources alimentaires les plus valables qui nous soient disponibles. C'est une excellente source de protéines qui sont nécessaires à la croissance et à la réparation des cellules corporelles. Le poisson est aussi faible en glucides et en gras saturés. Le poisson à chair grasse est riche en vitamines A et D et tous les poissons sont riches en thiamine, riboflavine, niacine, acide panthoténique, biotine et vitamines B6 et B12. Le poisson est également une excellente source de minéraux qui sont nécessaires à la croissance et au bon fonctionnement de l'organisme. Certaines variétés de petits poissons qui sont consommés entiers (incluant les os) fournissent une importante quantité de calcium.

Le poisson est aussi passablement faible en Calories, surtout lorsqu'on le compare à d'autres aliments riches en protéines, comme la viande et le fromage, ainsi que le démontre le tableau ci-dessous.

30 g (1 oz) de morue, à l'étuvée ou pochée dans l'eau	24 Calories
30 g (1 oz) de bœuf haché cru	55 Calories
30 g (1 oz) de patte de cochon	72 Calories
30 g (1 oz) de fromage cheddar	102 Calories
30 g (1 oz) de thon en saumure, en conserve	32 Calories

Le poisson revient en force – il est facilement disponible, peu coûteux et très versatile. Cette versatilité s'étend aussi aux différents modes de cuisson, alors pourquoi ne pas essayer les méthodes suivantes en prenant garde de ne jamais trop faire cuire le poisson.

LA PRÉPARATION DU POISSON ET DES FRUITS DE MER

COMMENT ENLEVER ÉCAILLES ET NAGEOIRES

1

Tenir fermement le poisson par la queue, racler vers la tête avec un écailleur ou le côté non tranchant d'un couteau.

2

Bien rincer le poisson sous l'eau froide courante pour éliminer les écailles et résidus qui restent.

3

Couper la nageoire dorsale avec des ciseaux. Pour enlever toute la nageoire, la couper presque entièrement en direction de la tête, puis tirer.

NETTOYER UN POISSON ROND

1

Tenir fermement le corps du poisson, couper la tête juste derrière les ouïes. La tête peut se garder pour un fumet où une soupe de poisson.

2

Fendre le ventre du poisson vers la queue et vider les viscères, qui devraient s'enlever facilement.

3

Bien rincer le poisson sous l'eau froide courante pour le nettoyer et éliminer tout résidu.

LEVER LES FILETS D'UN POISSON ROND

1

Tenir fermement le poisson, inciser le long de l'arête dorsale, de la tête jusqu'à la queue.

2

Couper en travers du poisson et glisser la lame entre les arêtes et la chair.

3

Soulever le filet avec précaution en prenant soin de ne pas briser la chair.

DÉPOUILLER UN POISSON PLAT

Enduire vos doigts de sel pour avoir une meilleure prise, puis tenir le poisson par la queue et pratiquer une incision à l'extrémité de la queue.

Tirer la peau vers la tête, retourner le poisson et tirer sur la peau jusqu'à la queue.

1

2

ENLEVER LA PEAU D'UN FILET

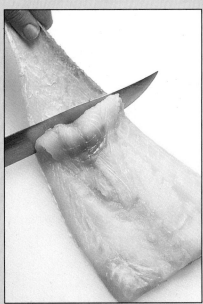

1

Saisir fermement le poisson par la queue, pratiquer une incision dans la chair et détacher le filet de la peau en glissant le couteau contre la peau.

LEVER LES FILETS D'UN POISSON PLAT

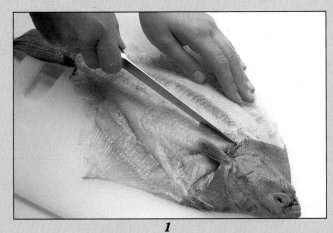

1

Après avoir enlevé la peau du poisson, pratiquer une incision le long de l'arête dorsale, de la tête à la queue.

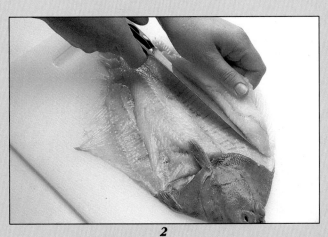

2

Glisser le couteau sous la chair, au niveau de la tête, et couper doucement vers le bas, entre la chair et les arêtes, jusqu'à ce que le filet se détache.

OUVRIR LES HUÎTRES

1

2

Bien tenir l'huître d'une main et, de l'autre, glisser un couteau à huître dans la charnière et le tourner jusqu'à ce que l'huître s'ouvre.

Glisser la lame sous l'huître et sectionner le ligament.

PRÉPARER LES MOULES

1 *Brosser les moules pour bien les nettoyer.*

Tirer le byssus qui sort du coquillage.

2

RETIRER LA CHAIR D'UN CRABE À CARAPACE DURE

1

Tenir fermement le crabe, tordre la queue osseuse tout en tirant doucement pour retirer la veine intestinale.

4

Fendre le crabe en deux et retirer la chair du plastron.

6

À l'aide d'une cuillère, retirer la chair brune du plastron.

2

Tenir fermement le crabe d'une main,
tirer doucement sur la carapace et
réserver pour un usage ultérieur.

3

Retirer les ouïes et les jeter.

5

Fendre les pinces et en retirer la chair
à l'aide d'une fourchette à crabe.

7

Pour servir dans la carapace, briser les
extrémités dures et les découper pour
obtenir une forme nette.

8

La chair de crabe est prête à être
utilisée dans une recette ou à être
servie dans la carapace.

PRÉPARER LE HOMARD

1

À l'aide d'un couteau affilé, trancher le homard à partir de la tête, vers le centre.

2

Couper de la tête à la queue pour le diviser en deux.

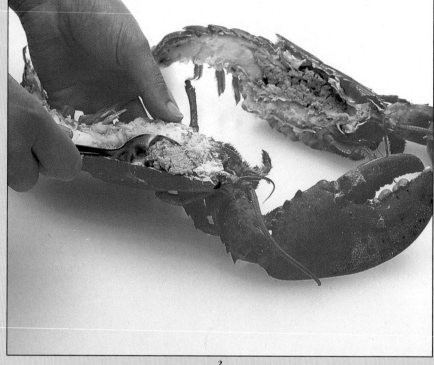

3

Enlever le foie (substance verte et crémeuse).

PRÉPARER LES CREVETTES

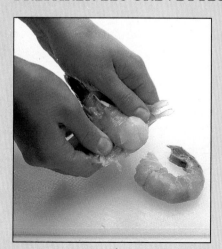

1

Enlever les pattes des crevettes et briser la carapace, en la repliant de chaque côté, vers l'extérieur.

2

Pratiquer une incision au dos de la crevette, suffisamment profonde pour exposer la veine qui devrait être enlevée.

PRÉPARER LES CALMARS

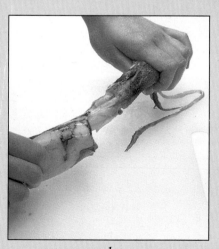

1

Saisir les tentacules et les tirer doucement pour les détacher du corps et de la tête du calmar.

4

Tenir le corps du homard et détacher la queue du corps.

5

Briser la carapace de la queue et retirer la chair.

6

Détacher la plus grosse partie des pinces du reste de la patte.

7

Briser la carapace des pinces pour en retirer la chair.

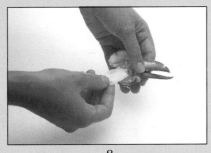

8

Il est plus facile de retirer la chair des pinces avec vos doigts.

9

La chair de la carapace devrait être prélevée en un seul morceau.

2

Détacher la peau transparente et les entrailles qui restent en faisant courir vos doigts le long du corps vers l'ouverture.

3

Enlever la peau en tirant de l'ouverture vers la queue. Le calmar est prêt à être apprêté.

La cuisson au micro-ondes

Le four à micro-ondes est l'appareil par excellence pour la décongélation et la cuisson du poisson. Le temps de cuisson du poisson au micro-ondes est crucial et différera selon l'appareil utilisé. La cuisson se fera plus rapidement dans un four de 700 watts que dans un four de 500 watts. Souvenez-vous aussi que plus votre four à micro-ondes contient d'aliment, plus la cuisson sera longue, car l'énergie doit être partagée entre la quantité contenue dans le plat. Il faut aussi tenir compte du temps de repos, car les aliments continuent à cuire pendant un court instant après être sortis du four à micro-ondes et ce détail est important dans la cuisson du poisson. Il est toujours préférable de ne pas trop le faire cuire, car on peut prolonger la cuisson d'une ou de deux minutes après le temps de re-pos. Cependant, le poisson qui, dès le départ, est trop cuit, sera gâché.

Règles de cuisson du poisson au micro-ondes

1. Disposer le poisson en une simple couche, dans un plat peu profond. Toujours le couvrir pendant la cuisson, à moins d'utiliser un plat à brunir pour obtenir un poisson croustillant. Couvrir le poisson aidera à lui garder son humidité, à augmenter la vitesse de cuisson, à maintenir toute sa saveur et à garder votre four propre.

2. Faire toujours cuire les aliments dans des contenants non métalliques, incluant les contenants qui ont une bordure ou des parties en métal.

3. Que le modèle de votre four ait une plaque tournante ou non, toujours retourner le poisson une fois pendant la cuisson.

4. Lors de la cuisson de darnes de poisson, disposer ces dernières en cercle en dirigeant la partie la plus épaisse vers l'extérieur du plat.

5. Si la recette le précise, ne pas oublier de remuer un ragoût ou une soupe de poisson. Sinon, tourner le poisson. Ce sont là des étapes importantes de la cuisson au micro-ondes qui aident à assurer une cuisson uniforme.

6. Toujours observer le temps minimum de cuisson recommandé pour un poisson – il est toujours possible de le remettre au four après le temps de repos, si nécessaire.

7. Le poisson tire toujours profit d'une légère addition de liquide – ajouter un peu d'eau, de bouillon ou de jus de citron.

8. Ne pas ajouter de sel avant la cuisson au micro-ondes; cela aura tendance à assécher la chair.

La décongélation du poisson

Le poisson surgelé peut se décongeler avec succès en utilisant la commande de décongélation de votre four à micro-ondes.

Toujours disposer le poisson en une seule couche dans un plat couvert et le retourner une fois à mi-temps de la décongélation.

Suivre le tableau du manuel d'instruction du fabricant qui est fourni avec votre four à micro-ondes pour connaître le temps requis.

Laisser un temps de repos entre la décongélation et la cuisson, car la décongélation du poisson se poursuivra pendant cette période, tout comme la cuisson se prolonge pendant le temps de repos.

Le poisson peut se cuire surgelé, à pleine puissance au micro-ondes, bien qu'il soit habituellement plus facile d'obtenir de bons résultats en le faisant d'abord décongeler. Si le poisson est surgelé, il faut doubler le temps de cuisson donné pour la

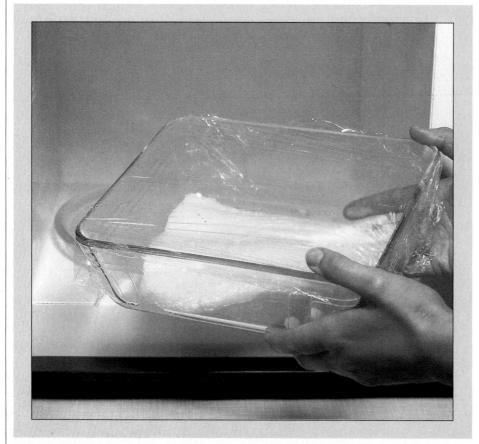

cuisson du poisson frais, en vérifiant souvent et en n'oubliant pas de tourner le poisson pendant la cuisson et de calculer un temps de repos à la fin – 3 à 4 minutes devraient être suffisantes pour la plupart des recettes.

La cuisson au barbecue

La cuisson au barbecue favorise les réunions. Rares sont les gens qui n'apprécient pas un verre de vin et l'arôme des aliments qui grillent sur un feu. Le poisson est un aliment parfait pour ce genre de cuisson, surtout lorsque le feu se fait au bord de l'eau.

La cuisson du poisson sur le barbecue étant rapide, il faut prendre soin d'huiler la grille, les brochettes ou les grilles à poisson, et de faire mariner le poisson à chair blanche ou de le badigeonner d'huile avant la cuisson. Ajouter quelques assaisonnements ou fines herbes avant la cuisson pour agrémenter la chair du poisson d'une saveur délicate.

Choisir un poisson à chair ferme qui ne s'émiettera pas pendant la cuisson et le couper en filets épais ou en gros morceaux pour les brochettes, ou faire cuire un poisson entier vidé et farci de fines herbes. Pratiquer 2 ou 3 incisions dans la peau du poisson entier avant la cuisson et le retourner 2 ou 3 fois pendant la cuisson. Les petits poissons entiers gagneront à être enveloppés dans des papillotes en papier d'aluminium avant la cuisson. Ils prendront environ 30 minutes à cuire, donc les disposer vers les bords du barbecue et, avant de refermer les papillotes, ajouter des fines herbes, du thym, du romarin, des épices et un peu de jus de citron.

Pour une marinade délicieuse, combiner 150 mL (⅔ tasse) de cidre sec avec 50 mL (¼ tasse) d'huile d'arachide ou d'huile d'olive, 1 gousse d'ail épluchée et écrasée et 15 mL (1 c. à s.) d'un mélange de fines herbes, telles

que romarin, thym et marjolaine. Ajouter 1 mL (¼ c. à t.) de sel et un peu de poivre noir, finement moulu. Bien mélanger et verser sur le poisson. Cette quantité de marinade est suffisante pour 6 personnes.

Le braisage

Puisque le poisson cuit rapidement, il peut sembler quelque peu inhabituel de parler d'un poisson en cocotte. Cependant, ce mode de cuisson par humidité se prête bien aux coupes de poisson les moins coûteuses. De gros morceaux de poisson sont cuits sur un lit de légumes coupés, au préalable ramollis et légèrement dorés dans un peu de beurre fondu. Un liquide (bouillon, vin, cidre ou jus de pomme) est ajouté juste pour couvrir le poisson, ainsi qu'un peu d'assaisonnements et de fines herbes fraîches.

La casserole est ensuite fermée à l'aide d'un couvercle et mise à feu doux jusqu'à ce que le poisson soit tendre. Le poisson se sert accompagné des légumes et du jus de cuisson. Ce dernier peut être épaissi, si désiré, après avoir retiré le poisson, mais si vous servez des tranches de pain frais avec votre plat, votre famille et vos invités pourront simplement tremper leur pain dans le jus de cuisson.

La cuisson au four

Ce mode de cuisson est idéal pour les poissons entiers, les gros filets ou les darnes. Le poisson devrait être cuit dans un four préchauffé à 190 °C (375°F) pendant 15 minutes. Le poisson paré, simplement assaisonné et farci de fines herbes est délicieux. Il ne faut pas oublier de pratiquer 2 ou 3 incisions sur la peau pour assurer une cuisson régulière. Disposer le poisson dans un plat peu profond et

d'huile. Retourner la grille de sorte qu'elle soit à son plus bas niveau dans le plat, puis la tapisser de papier d'aluminium avant d'y disposer le poisson apprêté. Cela facilite le nettoyage, car il suffit de retirer le papier d'aluminium après la cuisson et de le jeter.

Le temps de cuisson variera selon le gril et la distance entre le poisson et l'élément du four.

Le poisson devra être retourné une fois ou deux pendant la cuisson et il faudra vérifier souvent pour éviter qu'il ne soit trop cuit.

Le poisson sera meilleur s'il est cuit à feu modéré; cela permet à la chaleur de pénétrer plus régulièrement jusqu'au milieu.

La grande friture

La grande friture est une méthode de cuisson rapide pour faire cuire des petits poissons entiers, ainsi que de petits morceaux de poisson enrobés de pâte. Le poisson est placé dans un panier métallique et abaissé dans le

le faire cuire, sans le couvrir, 45 à 60 minutes, selon la grosseur, et l'arroser une fois ou deux, pendant la cuisson, avec les jus de cuisson. Les darnes et les filets gagneront à être arrosés d'un peu de bouillon ou de vin et devraient être couverts soit d'un couvercle, soit de papier d'aluminium. Faire attention de ne pas trop faire cuire le poisson – vérifier souvent la cuisson et le sortir du four dès que la chair se détache facilement en flocons. Accorder environ 6 à 10 minutes de cuisson par 450 g/lb, plus 6 à 10 minutes après les avoir retournés, selon l'épaisseur des filets.

Le poisson entier cuit de cette façon fera une pièce intéressante pour un buffet. Il est souvent servi froid, sans peau, et agréablement décoré.

La cuisson au gril

Ce mode de cuisson rapide est une façon intéressante de faire cuire

les filets de poisson, les darnes et les petits poissons entiers comme les anchois.

Le poisson apprêté devrait être assaisonné et badigeonné d'un peu

plat aux trois-quarts rempli d'huile préchauffée à environ 180 °C (350 °F).

Il est important que l'huile soit propre et qu'il y en ait assez pour couvrir entièrement les aliments. Si l'huile n'est pas assez chaude lorsqu'on y plonge le poisson, ce dernier sera détrempé, car la chaleur de l'huile n'en aura pas scellé immédiatement l'extérieur. Cependant, si l'huile est trop chaude, l'extérieur du poisson brûlera avant que l'intérieur n'ait le temps de cuire.

Vérifier la température de l'huile avec un thermomètre à cuisson pour assurer une cuisson réussie.

Puisque ce mode de cuisson est très rapide, le poisson, de par sa nature très délicate, doit être enrobé avant d'être plongé dans l'huile bouillante. L'enrobage empêche la chair de se défaire en morceaux et sert aussi à sceller la saveur en l'emprisonnant dans l'aliment.

La farine assaisonnée, la pâte ou les œufs et la chapelure sont tous des enrobages valables pour le poisson. Faire cuire de petites quantités à la fois afin de ne pas abaisser la température de l'huile.

Lorsque le poisson est cuit (il sera doré et croustillant) le sortir immédiatement et l'égoutter sur du papier absorbant avant de le servir avec des quartiers de citron.

La petite friture

La petite friture est un moyen rapide de faire cuire de petites quantités de filets, de darnes et des petits poissons entiers comme le hareng et le maquereau. Le poisson devrait être protégé par un enrobage – soit trempé dans l'œuf battu et roulé dans la chapelure ou trempé dans du lait, puis roulé dans de la farine ou de la farine d'avoine. L'huile devrait

arriver à mi-hauteur de la casserole et être chauffée jusqu'à ce qu'une légère vapeur se dégage au-dessus de la casserole.

Ajouter le poisson et le saisir rapidement des deux côtés, puis réduire légèrement le feu et poursuivre la cuisson jusqu'à ce qu'il soit doré et croustillant, en le retournant une fois ou deux.

Il est recommandé, pendant la cuisson, de couvrir la casserole d'une grille spéciale, munie d'un manche à l'épreuve de la chaleur, pour éviter les éclaboussures.

Lorsque le poisson est cuit, bien l'égoutter sur du papier absorbant et servir immédiatement.

La friture rapide

La friture rapide se fait dans une grande poêle à frire peu profonde ou, idéalement, dans un wok. C'est une méthode pratique pour faire cuire rapidement des petits morceaux de poisson ou des fruits de mer.

Commencer par faire frire rapidement, dans un peu d'huile, des légumes préparés, comme des oignons et des poivrons, puis ajouter le poisson qui prendra entre 30 secondes et 1 minute pour cuire. Il est important, pour la friture rapide, de préparer et d'assembler tous les ingrédients avant de faire chauffer l'huile. Les légumes devraient être détaillés en lanières de même grandeur. Le repas est directement servi du plat de cuisson et habituellement accompagné de riz bouilli ou frit. Les aliments sont simplement cuits en les remuant continuellement sur un feu plutôt vif, à l'aide d'une écumoire. De la sauce soja est souvent ajoutée, mais il existe une grande variété de sauces comme la sauce d'huîtres, qui peuvent donner un goût savoureux.

Le pochage

Le pochage est la cuisson douce d'un aliment dans un liquide comme le vin, l'eau, le fumet de poisson ou le lait. Faire tout d'abord chauffer le liquide, puis ajouter le poisson. Le

poisson entier, les darnes ou les filets cuits de cette façon sont excellents. Les faire cuire en une couche simple, aux trois-quarts couverts de liquide. Assaisonner et couvrir d'un couvercle qui ferme hermétiquement. Faire pocher les petits filets ou darnes pendant environ 8 minutes. Le poisson entier peut prendre 15 à 20 minutes de cuisson.

Vérifier souvent la cuisson, tout comme pour les autres modes de cuisson, et retirer lorsque la partie la plus épaisse du poisson s'émiette facilement. Utiliser le liquide de cuisson comme base pour une sauce ou le réserver et l'utiliser dans une soupe de poisson.

À l'étuvée

La cuisson à l'étuvée est un mode de cuisson facile pour les filets de poisson, leur permettant de rester tendres car ils sont entourés d'humidité pendant la cuisson. Il faut de nouveau prendre soin de ne pas trop les faire cuire. Les filets devraient être roulés ou pliés, légèrement assaisonnés et cuits à l'étuvée pendant 10 à 15 minutes dans une marmite à vapeur fermée hermétiquement, au-dessus de l'eau frémissante. À défaut de marmite à vapeur, faire cuire le poisson entre deux assiettes, au-dessus d'une casserole contenant de l'eau frémissante. Le poisson cuit à l'étuvée est des plus savoureux. Le servir tel quel, accompagné de légumes frais cuits en saison, garni d'un peu de persil et nappé d'une sauce au fromage, si désiré. Il est aussi possible d'ajouter des fines herbes à l'eau de cuisson pour donner une saveur subtile au poisson.

Il est presque impossible de ne pas réussir la cuisson d'un poisson à l'étuvée. Il suffit de s'assurer qu'il y a suffisamment d'eau dans la casserole et qu'elle soit maintenue au point d'ébullition pendant le temps de cuisson. Il faut aussi s'assurer que le couvercle ferme hermétiquement afin que la vapeur, qui cuit le poisson, ne s'échappe pas.

Le fumet de poisson

Il est possible de préparer un bon fumet de poisson avec peu d'ingrédients, en utilisant têtes, arêtes et peau fournies par le poissonnier. Il se prépare beaucoup plus rapidement qu'un bouillon de viande, en seulement 10 à 15 minutes, et donne une base à saveur délicate pour tous genres de sauces. Pour préparer le fumet, mettre têtes, arêtes et peau dans une grande casserole, ajouter un bouquet garni et des assaisonnements. Couvrir d'eau froide et laisser mijoter doucement 10 à 15 minutes dans une casserole couverte. Filtrer et utiliser au besoin.

La soupe de poisson

La soupe de poisson mérite d'être servie plus souvent. Elle est réconfortante, nourrissante et délicieuse. Du pain frais suffit pour la transformer en un repas complet et économique, facile à préparer. Les soupes de poisson donnent souvent lieu à bien des variétés. Commencez par une recette simple, puis ajoutez vos aliments préférés.

Les accompagnements

Il n'y a rien pour égaler la saveur du poisson fraîchement pêché, bien cuit et servi avec une garniture de citron ou de limette et accompagné d'un choix de légumes.

Cependant, il existe plusieurs occasions où l'ajout d'une sauce rehaussera le plat. Vous n'avez qu'à choisir simplement parmi les sauces qui suivent pour agrémenter votre repas et impressionner vos invités.

Les sauces onctueuses

Une sauce onctueuse est faite à partir d'un roux et nappe légèrement le poisson ou les légumes avec

lesquels elle sera servie. Elle devrait être préparée avec soin dans une casserole à fond épais, et servie dès qu'elle est prête. Une sauce onctueuse réussie devrait avoir la consistance d'une crème épaisse et recouvrir le dos d'une cuillère de

bois. La sauce peut varier considérablement dépendant de la sorte de liquide utilisé lors de la préparation (vin blanc, fumet de poisson, lait, crème légère) et du genre d'assaisonnements (persil frais, fromage, cari, têtes de champignons

finement hachées, oignons cuits hachés, crevettes cuites hachées, etc.)

Sauce blanche

Pour 4 personnes

45 mL (3 c. à s.) de beurre
90 mL (6 c. à s.) de farine
500 mL (2 tasses) de lait entier
Sel et poivre noir du moulin

Faire fondre le beurre dans une casserole à fond épais, ajouter la farine pour faire un roux et faire cuire, à feu doux, en remuant, 2 minutes.

Retirer la casserole du feu et y incorporer un peu de lait à l'aide d'un fouet. Ajouter progressivement le reste de lait, en fouettant continuellement pour éviter la formation de grumeaux. Assaisonner.

Remettre la casserole sur le feu et porter à ébullition en remuant continuellement. Laisser mijoter doucement 5 minutes, en remuant. Servir immédiatement.

Variantes : ajouter les ingrédients ci-dessous à la sauce blanche de base :

Sauce au cari : ajouter 5 mL (1 c. à t.) de cari mélangé à la farine.

Sauce au persil : ajouter 15 mL (1 c. à s.) de persil fraîchement haché à la sauce blanche, juste avant de servir.

Sauce au fromage : ajouter 175 mL (¾ tasse) d'emmental râpé à la sauce blanche. Mélanger pour incorporer et servir immédiatement.

Sauce aux champignons : ajouter 125 mL (½ tasse) de têtes de champignons finement hachées à la sauce blanche. Les champignons cuiront avec la chaleur de la sauce. Servir immédiatement.

Sauce aux crevettes : ajouter 125 mL (½ tasse) de crevettes cuites et écaillées à la sauce blanche. Bien faire chauffer à feu doux, en remuant continuellement. Servir immédiatement.

Sauce aux œufs : ajouter 2 œufs durs, écalés et finement hachés à la sauce blanche.

Sauce à l'oignon : ajouter 1 oignon moyen, finement haché et ramolli dans 30 mL (2 c. à s.) de beurre fondu dans une casserole de grandeur moyenne. Incorporer à la sauce blanche et servir immédiatement.

Sauce hollandaise

Pour 4 personnes

Servir cette sauce piquante tiède plutôt que chaude, avec toutes les sortes de poissons. Cette sauce particulièrement riche est idéale lors d'un buffet spécial, pour accompagner un saumon entier ou un plateau de fruits de mer diversifiés.

45 mL (3 c. à s.) de vinaigre à l'estragon
15 mL (1 c. à s.) d'eau
2 jaunes d'œufs
90 mL (6 c. à s.) de beurre
Sel et poivre noir du moulin

Verser le vinaigre et l'eau dans une petite casserole au revêtement anti-adhésif, et porter à ébullition. Faire bouillir pour réduire à environ 15 mL (1 c. à s.) Retirer du feu et laisser légèrement refroidir.

Mettre les jaunes d'œufs dans un bol et incorporer le vinaigre. Placer au-dessus d'une casserole remplie d'eau chaude et faire doucement chauffer, en remuant continuellement, jusqu'à ce que le mélange aux œufs épaississe. (Maintenir une eau frémissante pour que les œufs ne cuisent pas trop.)

Diviser le beurre en petits morceaux et l'incorporer progressivement à la sauce, en fouettant. Assaisonner au goût. La sauce devrait être dorée, légèrement piquante, et avoir la consistance d'une mayonnaise maison.

Sauce tartare

Pour 4 personnes

Cette sauce bien connue est traditionnellement servie avec du poisson frit et des frites.

300 mL (1¼ tasse) de mayonnaise maison (voir la recette)
12 mL (2½ c. à t.) de cornichons hachés
12 mL (2½ c. à t.) de câpres hachées
125 mL (½ tasse) de yogourt nature ou de crème légère
5 mL (1 c. à t.) de persil ou de basilic fraîchement haché

Mélanger tous les ingrédients. Couvrir et mettre au réfrigérateur jusqu'au moment de servir.

Sauce aux groseilles à maquereau

Pour 4 personnes

Cette sauce inhabituelle a un goût agréablement aigrelet qui convient particulièrement bien aux poissons à chair grasse comme la truite, le maquereau et le saumon. Elle peut se préparer à l'avance et être réchauffée juste avant d'être servie. Cette sauce se congèle aussi très bien.

450 g (1 lb) de groseilles à maquereau en conserve, dans leur jus naturel
Zeste de ½ citron, râpé
12 mL (2½ c. à t.) de jus de citron
12 mL (2½ c. à t.) de sucre super fin
30 mL (2 c. à s.) de beurre

Au robot culinaire, réduire en purée les groseilles à maquereau avec leur jus. Verser dans une casserole de grandeur moyenne. Ajouter le zeste et le jus de citron, le sucre et le beurre. Faire chauffer, à feu moyen, en remuant continuellement, jusqu'à ce que le mélange frémisse. Servir avec un poisson au choix.

Sauce au yogourt et céleri

Pour 4 personnes

Une sauce légère et crémeuse qui se sert particulièrement bien avec les brochettes de poisson, le saumon grillé ou un poisson entier, cuit au four.

150 mL (⅔ tasse) de yogourt nature
5 mL (1 c. à t.) de sauce à la menthe concentrée
5 mL (1 c. à t.) de jus de citron
5 mL (1 c. à t.) de miel clair
90 mL (6 c. à s.) de crème légère
2 branches de céleri, finement hachées

Bien mélanger tous les ingrédients, sauf le céleri. Ajouter le céleri et servir immédiatement.

Mayonnaise

Pour 4 personnes

La mayonnaise se prépare facilement au mélangeur ou au robot culinaire. Elle peut varier de plusieurs façons, selon le goût, et fournir un excellent accompagnement pour n'importe quel poisson.

5 mL (1 c. à t.) de moutarde douce
1 œuf
1 jaune d'œuf
45 mL (3 c. à s.) de jus de citron
300 mL (1¼ tasse) d'huile de tournesol ou de pépins de raisin
Sel et poivre noir du moulin

Mettre la moutarde, l'œuf et le jaune d'œuf dans le bol du mélangeur ou du robot culinaire. Mélanger pendant environ 15 secondes. Sans arrêter l'appareil, ajouter l'huile une goutte à la fois, au début, puis en un mince filet. Mélanger jusqu'à ce que la mayonnaise soit épaisse et crémeuse. Ajouter le jus de citron et les assaisonnements et mélanger encore quelques secondes. Servir immédiatement ou garder jusqu'à deux semaines, dans un bocal fermé, au réfrigérateur.

Variantes

Mayonnaise au cari : remplacer la moutarde par 5 mL (1 c. à t.) de cari en poudre ou en pâte.

Mayonnaise au persil : incorporer 15 mL (1 c. à s.) de persil fraîchement haché à la mayonnaise.

Mayonnaise à la tomate : ajouter 15 à 30 mL (1 à 2 c. à s.) de pâte de tomate à la mayonnaise en même temps que le jus de citron.

Mayonnaise à l'ail : ajouter 3 gousses d'ail écrasées en même temps que le jus de citron.

Mayonnaise au citron et au basilic: ajouter le zeste râpé de ½ citron et 10 mL (2 c. à c.) de basilic fraîchement haché en même temps que le jus de citron.

Bouillabaisse

Pour 4 personnes

60 mL (4 c. à s.) de beurre
1 branche de céleri, hachée
1 oignon moyen, haché
1 gousse d'ail, écrasée
450 g (1 lb) de tomates, pelées et hachées
450 g (1 lb) de poisson à chair blanche, comme de la morue
1 bouquet garni
Sel et poivre noir du moulin
125 mL (½ tasse) de cidre sec
1,2 L (5 tasses) d'eau bouillante
200 g (7 oz) de thon mariné en conserve, égoutté
125 g (¼ lb) de crevettes cuites
Persil fraîchement haché pour garnir

Faire fondre le beurre dans une grande casserole, puis y faire ramollir le céleri, l'oignon et l'ail, à feu moyen. Ajouter les tomates et poursuivre la cuisson, en remuant de temps à autre, pendant encore 5 minutes. Ajouter le poisson à chair blanche apprêté et coupé en morceaux, le bouquet garni, les assaisonnements et le cidre. Arroser d'eau bouillante. Couvrir d'un couvercle, porter à ébullition et laisser cuire à gros bouillons environ 15 minutes. Incorporer le thon en flocons et les crevettes et faire chauffer doucement pendant 3 minutes. Retirer le bouquet garni puis, à l'aide d'une écumoire, soulever le poisson et le répartir entre les bols à soupe. Ajouter le liquide, garnir de persil et servir immédiatement.

Chaudrée

Pour 4 personnes

450 g (1 lb) de filets de poisson à chair blanche, lavés
300 mL (1¼ tasse) de lait
Sel et poivre noir du moulin
2 lanières de bacon, sans couenne et hachées
15 mL (1 c. à s.) de beurre
250 g (½ lb) de pommes de terre, épluchées, en dés
2 carottes moyennes, en dés
1 oignon moyen, haché
425 mL (1¾ tasse) de bouillon de poulet, bouillant
45 mL (3 c. à s.) de fécule de maïs
Persil haché pour garnir

Mettre le poisson dans une casserole à moitié remplie de lait et faire mijoter doucement 10 minutes. L'égoutter en réservant le lait, couvrir. Faire cuire le bacon bien croustillant, dans une casserole de grandeur moyenne au revêtement anti-adhésif. Y faire fondre le beurre, puis y faire ramollir l'oignon. Ajouter les légumes, le lait réservé, le reste du lait et le bouillon. Laisser mijoter doucement 10 à 15 minutes, jusqu'à ce que les légumes soient tendres. Diluer la fécule de maïs dans un peu d'eau et la verser dans la casserole. Laisser mijoter 5 minutes, en remuant. Ajouter le poisson avec les jus, faire réchauffer doucement, parsemer de persil haché.

Chapitre I

Soupes

et

HORS-D'ŒUVRE

POUR 6 À 8 PERSONNES

SOUPE AUX PALOURDES

Ce mollusque est récolté dans le sable, à marée basse.

900 g (2 lb) de palourdes
90 g (3 oz) de bacon, en cubes
2 oignons moyens, en petits dés
15 mL (1 c. à s.) de farine
1 L (4 tasses) de lait
6 pommes de terre moyennes, épluchées et en dés
Sel et poivre
250 mL (1 tasse) jus des palourdes réservé
250 mL (1 tasse) de crème légère
Persil haché (facultatif)

Étape 2 Faire cuire le bacon à feu doux, jusqu'à ce qu'il rende son gras.

Étape 1 Faire ouvrir les palourdes à feu vif, en remuant de temps à autre.

Étape 3 Faire suer les oignons dans la graisse chaude, jusqu'à ce qu'ils soient tendres et transparents.

1. Bien brosser les palourdes et les laisser tremper 30 minutes dans l'eau froide. Les égoutter et les placer dans une marmite profonde contenant 125 mL (1/2 tasse) d'eau froide. Couvrir et porter à ébullition en remuant de temps à autre, jusqu'à ce que les coquilles s'ouvrent. Éliminer les coquilles fermées. Filtrer le liquide de cuisson et le réserver. Mettre les palourdes de côté.

2. Dans un poêlon, faire cuire le bacon, à feu doux, jusqu'à ce qu'il rende son gras. Augmenter le feu et faire rissoler le bacon. L'égoutter sur du papier absorbant.

3. Dans la graisse de bacon chaude, faire cuire doucement les oignons jusqu'à ce qu'ils soient tendres. Incorporer la farine. Verser le mélange dans une casserole profonde, ajouter le liquide réservé et remuer. Incorporer le lait, les pommes de terre, le sel et le poivre.

4. Couvrir, porter à ébullition et faire cuire environ 12 minutes, ou jusqu'à ce que les pommes de terre soient presque tendres. Décoquiller les palourdes et les hacher. Les ajouter à la soupe avec la crème et le bacon. Laisser mijoter 3 minutes, à feu doux. Si désiré, parsemer de persil et servir aussitôt.

Notes du chef

Temps
Comptez environ 30 minutes de préparation et 20 minutes de cuisson.

Conseil
Faites tremper les palourdes et les autres coquillages dans de l'eau additionnée de farine ou de fécule de maïs avant la cuisson, pour aider à éliminer le sable.

Guide d'achat
Si désiré, remplacez les palourdes par des myes.

POUR 4 PERSONNES

SOUPE AIGRELETTE ET PIQUANTE

Cet intéressant mélange de saveurs et d'ingrédients apporte une touche sophistiquée à n'importe quel repas.

3 champignons noirs séchés
15 mL (1 c. à s.) d'huile végétale
125 g (1/4 lb) de crevettes décortiquées et déveinées
1 piment rouge, épépiné et émincé
1 piment vert, épépiné et émincé
2 mL (1/2 c. à t.) de zeste de citron, taillé en fine julienne
2 oignons verts, émincés
500 mL (2 tasses) de fumet de poisson
15 mL (1 c. à s.) de sauce Worcestershire
15 mL (1 c. à s.) de sauce soya légère
60 g (2 oz) de filets de corégone
1 bloc de tofu, en dés
15 mL (1 c. à s.) de jus de citron
5 mL (1 c. à t.) de graines de sésame
Sel et poivre
5 mL (1 c. à t.) de coriandre fraîche, hachée fin (facultatif)

Étape 1 Faire tremper les champignons 20 minutes dans l'eau chaude, ou jusqu'à ce qu'ils soient complètement réhydratés.

1. Plonger complètement les champignons dans l'eau très chaude. Laisser tremper 20 minutes, ou jusqu'à ce qu'ils soient réhydratés.

2. Faire chauffer l'huile dans un wok ou une sauteuse. Ajouter les crevettes, les piments, le zeste et les oignons verts. Faire sauter 1 minute, en mélangeant.

3. Incorporer le fumet, les sauces Worcestershire et soya. Porter à ébullition et laisser mijoter 2 minutes, à feu doux. Assaisonner au goût.

4. Couper et jeter les queues des champignons. Émincer les têtes.

5. Tailler le poisson en petits dés et les incorporer à la soupe. Ajouter le tofu et les champignons. Laisser mijoter 4 minutes.

6. Incorporer le jus de citron et les graines de sésame. Rectifier l'assaisonnement. Si désiré, parsemer de coriandre hachée avant de servir.

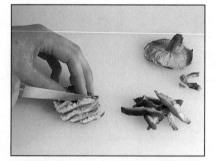

Étape 4 Couper et jeter les queues des champignons. Émincer les têtes.

Étape 5 Tailler le poisson en petits dés et les mettre dans la soupe. Ajouter le tofu et les champignons.

Notes du chef

Temps
Comptez environ 20 minutes de préparation et 20 minutes de cuisson.

Conseil
Vous trouverez le tofu et les champignons séchés dans la plupart des supermarchés ou magasins d'alimentation spécialisés.

À surveiller
Évitez que le jus des piments frais n'atteigne vos yeux ou votre bouche. Si cela se produit, rincez-vous à l'eau froide.

POUR 4 PERSONNES

SOUPE À LA CHAIR DE CRABE

Servez cette élégante soupe à vos meilleurs amis.

1 gros crabe, cuit
45 mL (3 c. à s.) de beurre ou margarine
1 oignon, haché fin
30 mL (2 c. à s.) de farine
1 L (4 tasses) de lait
90 mL (6 c. à s.) de xérès
1 pincée de sel, de poivre blanc et de macis moulu
125 mL (1/2 tasse) de crème épaisse, fouettée
Œufs de lump rouges

1. Détacher les pinces et les pattes du crabe en les tordant. Briser leur coque et en extraire la chair.

2. Détacher la queue osseuse sous le crabe et la jeter. Séparer le plastron de la carapace. Extraire, avec une cuiller, la chair blanche de l'intérieur. Jeter la poche abdominale. Mettre de côté avec la chair des pinces.

3. À l'aide d'une petite cuiller, extraire la chair brune du plastron et des alvéoles.

4. Faire chauffer le beurre dans une casserole moyenne. Faire cuire l'oignon 3 minutes, à feu doux.

5. Incorporer la farine, puis le lait. Porter à ébullition. Laisser mijoter 10 minutes, à feu doux. Ajouter la chair brune et faire mijoter 5 minutes.

6. Incorporer le xérès, le sel, le poivre, le macis et la chair blanche. Poursuivre la cuisson 5 minutes, à feu doux.

7. Avant de servir, couronner d'une cuillerée de crème fouettée et d'œufs de lump.

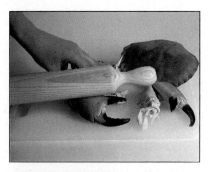

Étape 1 Détacher les pinces et les pattes en les tordant. Briser leur coque et en extraire la chair.

Étape 2 Retourner le crabe. Séparer le plastron de la carapace. Jeter la poche abdominale.

Étape 3 À l'aide d'une petite cuiller, extraire la chair brune.

Notes du chef

Temps
Comptez environ 35 à 40 minutes de préparation et 25 minutes de cuisson.

Variante
Remplacez le crabe frais par du crabe surgelé. Utilisez environ 125 à 170 g (4 à 6 oz) de chair blanche, et omettez la chair brune.

Guide d'achat
Choisissez un crabe pas trop gros, mais très lourd.

POUR 6 PERSONNES

BISQUE DE CREVETTES

Une recette classique de la cuisine cajun.

45 mL (3 c. à s.) de beurre ou margarine
1 oignon, haché fin
1 poivron rouge, épépiné et haché fin
2 branches de céleri, hachées fin
1 gousse d'ail, épluchée, écrasée et hachée
1 pincée de moutarde en poudre et de poivre de Cayenne
10 mL (2 c. à t.) de paprika
45 mL (3 c. à s.) de farine
1 L (4 tasses) de fumet de poisson
1 branche de thym et feuille de laurier
225 g (1/2 lb) de crevettes fraîches, décortiquées
Sel et poivre
Ciboulette ciselée

3. Verser graduellement le fumet, en remuant pour bien mélanger. Ajouter le thym et la feuille de laurier. Porter à ébullition, puis laisser mijoter 5 minutes, ou jusqu'à épaississement, en remuant de temps à autre.

4. Ajouter les crevettes et faire cuire environ 5 minutes. Saler, poivrer au goût. Parsemer de ciboulette avant de servir.

Étape 3 Verser graduellement le fumet, en remuant pour bien mélanger.

Étape 2 Faire dorer la moutarde, le poivre de Cayenne, le paprika et la farine.

Étape 4 Utiliser des ciseaux de cuisine pour ciseler la ciboulette.

1. Faire fondre le beurre. Ajouter l'oignon, le poivron, le céleri et l'ail. Faire ramollir doucement en remuant.

2. Incorporer la moutarde, le poivre de Cayenne, le paprika et la farine. Faire cuire 3 minutes, à feu doux, en remuant de temps à autre.

Notes du chef

Temps
Comptez environ 20 minutes de préparation et 8 à 10 minutes de cuisson.

Variante
Si vous utilisez des crevettes cuites décortiquées, ajoutez-les environ 2 minutes avant de servir.

Conseil
Pour développer toute leur saveur, faites cuire brièvement les épices, telles que le paprika, avant d'ajouter un liquide.

POUR 4 PERSONNES

RAGOÛT DE POISSON
AUX TOMATES

Choisissez un poisson à chair ferme.
Accompagnez ce ragoût de riz ou de pommes de terre.

Os de poisson
1 feuille de laurier, 1 branche de thym et 2 de persil
2 tranches d'oignon
1 rondelle de citron
6 grains de poivre noir
375 mL (1 1/2 tasse) d'eau
90 mL (6 c. à s.) d'huile
90 mL (6 c. à s.) de farine
1 gros poivron vert, épépiné et haché fin
1 oignon, haché fin
1 branche de céleri, hachée fin
900 g (2 lb) de tomates en conserve
30 mL (2 c. à s.) de pâte de tomates
5 mL (1 c. à t.) de poivre de Cayenne
1 pincée de sel et de quatre-épices
90 mL (6 c. à s.) de vin blanc
8 filets de plie
30 mL (2 c. à s.) de persil haché

2. Faire chauffer l'huile et ajouter la farine. Faire dorer, à feu doux, en remuant constamment.

3. Ajouter le poivron vert, l'oignon haché et le céleri. Faire cuire jusqu'à ce que la farine soit bien dorée et les légumes, tendres.

4. Incorporer le fumet de poisson, les tomates, la pâte de tomates, le poivre de Cayenne, le sel et le quatre-épices. Porter à ébullition, puis laisser mijoter pour épaissir. Ajouter le vin.

5. Couper les filets de plie en tronçons de 5 cm (2 po) et les mettre dans le mélange aux tomates. Faire cuire lentement environ 10 minutes, ou jusqu'à ce que le poisson soit tendre. Parsemer de persil. Rectifier l'assaisonnement et servir.

Étape 4 Laisser mijoter le mélange aux tomates jusqu'à ce qu'il soit très épais.

Étape 4 Incorporer le fumet de poisson au mélange farine et légumes, en remuant constamment au fouet.

Étape 5 Couper les filets de poisson en tronçons de 5 cm (2 po) et les mettre dans le mélange aux tomates.

1. Dans une casserole, mettre les os de poisson, les aromates, l'oignon, le citron, le poivre et l'eau. Porter à ébullition, puis laisser mijoter 20 minutes et filtrer.

Notes du chef

Temps
Comptez environ 30 minutes pour la préparation, 20 minutes pour la cuisson du fumet et 20 minutes pour la finition du plat.

Préparation
Vous pouvez préparer le fumet de poisson le jour précédent et le réfrigérer. Vous pouvez aussi le congeler.

Variante
Si désiré, ajoutez des crevettes.

POUR 4 À 6 PERSONNES

SOUPE DE CRABE AU MAÏS

Le maïs crémeux et la succulente chair de crabe s'unissent
pour créer cette soupe veloutée.

875 mL (3 1/2 tasses) de fumet de poisson
    ou bouillon de poulet
350 g (3/4 lb) de maïs en crème en conserve
125 g (1/4 lb) de chair de crabe
Sel et poivre
5 mL (1 c. à t.) de sauce soya légère
30 mL (2 c. à s.) de fécule de maïs
45 mL (3 c. à s.) d'eau ou bouillon
2 blancs d'œufs
4 oignons verts pour garnir

Étape 3 Fouetter les blancs d'œufs jusqu'à ce qu'ils forment des pics mous et les incorporer à la soupe.

Étape 2 Délayer la fécule de maïs dans l'eau et ajouter une pleine cuillerée de soupe chaude.

1. Dans une grande casserole, porter le fumet de poisson à ébullition. Ajouter le maïs, le crabe, le sel, le poivre et la sauce soya. Laisser mijoter 4 à 5 minutes.

2. Délayer la fécule de maïs dans l'eau et ajouter une pleine cuillerée de soupe chaude. Verser le mélange dans la soupe et porter à ébullition. Faire cuire jusqu'à épaississement.

3. Battre les blancs d'œufs au fouet, jusqu'à ce qu'ils forment de légers pics. Les incorporer à la soupe juste avant de servir.

4. Émincer les oignons verts en diagonale et les parsemer sur la soupe avant de servir.

Notes du chef

Temps
Comptez environ 10 minutes de préparation et 8 à 10 minutes de cuisson.

Préparation
L'ajout de blancs d'œufs est facultatif.

À surveiller
Ne laissez pas le maïs et le crabe bouillir rapidement, car ils durciront.

Épargne
Utilisez des bâtons de crabe au lieu du crabe frais.

Variante
Remplacez le crabe par du poulet, mais augmentez le temps de cuisson de 10 à 12 minutes.

POUR 4 PERSONNES

BOUILLABAISSE

Préparez cette merveilleuse soupe marseillaise en
utilisant des fruits de mer de votre région.

Bouillon

450 g (1 lb) d'os, de têtes et de peau de poisson
1,8 L (7 tasses) d'eau
1 petit oignon, émincé
1 petite carotte, émincée
1 feuille de laurier
6 grains de poivre noir
1 pincée de macis
1 branche de thym
1 rondelle de citron

Bouillabaisse

60 mL (4 c. à s.) de beurre ou margarine
1 carotte, tranchée
3 poireaux, bien lavés et émincés
1 gousse d'ail, épluchée
1 pincée de safran
75 à 125 mL (1/3 à 1/2 tasse) de vin blanc sec
250 g (1/2 lb) de tomates en conserve
1 homard
450 g (1 lb) de filets de morue
450 g (1 lb) de moules, bien brossées
450 g (1 lb) de palourdes, bien brossées
8 pommes de terre nouvelles avec la peau, bien brossées
Persil haché
250 g (1/2 lb) de grosses crevettes fraîches, décortiquées et
    déveinées

1. Préparer le fumet de poisson. Mettre tous les ingrédients
dans une grande marmite et porter à ébullition, à feu vif.
Puis, laisser mijoter 20 minutes, à feu moyen. Filtrer et réserver le fumet. Jeter les os et les légumes.

2. Faire chauffer le beurre dans une grande casserole.
Ajouter la carotte, les poireaux et l'ail. Faire cuire environ
5 minutes, ou jusqu'à ce que les légumes soient légèrement
tendres.

3. Incorporer le safran et le vin. Laisser mijoter 5 minutes.

4. Verser le fumet dans la casserole. Ajouter les autres
ingrédients, sauf les crevettes. Porter à ébullition et faire
cuire jusqu'à ce que le homard rougisse, que les coquillages
s'ouvrent et que les pommes de terre soient tendres.
Éteindre le feu et ajouter les crevettes. Couvrir la casserole
et laisser cuire les crevettes dans le bouillon chaud. Retirer
les ingrédients au fur et à mesure qu'ils sont cuits. Détacher
les pinces du homard. Couper la queue en 2. Partager le
homard et la bouillabaisse entre 4 bols à soupe. Accompagner de pain à l'ail.

Étape 2 Faire cuire
la carotte, les
poireaux et l'ail
dans le beurre,
jusqu'à ce qu'ils
soient légèrement
tendres.

Étape 4 Retirer le
homard et le
couper en 2 pour
détacher la queue.

Notes du chef

Temps
Comptez environ 35 minutes
de préparation et 30 minutes
de cuisson.

À surveiller
Coupez les poireaux en 2 et
bien les rincer à l'eau froide
pour éliminer le sable, avant
de les émincer.

Variante
Utilisez les fruits de mer en
saison ou selon votre
préférence. Le homard n'est
pas essentiel.

POUR 4 PERSONNES

MOULES AU VIN BLANC

Une préparation simple, mais qui donnera l'eau à la bouche à vos invités.

2 kg (4 1/2 lb) de moules fraîches
Farine ou fécule de maïs
250 mL (1 tasse) de vin blanc sec
1 gros oignon, haché fin
2 à 4 gousses d'ail, épluchées, écrasées et hachées
Sel et poivre noir grossièrement moulu
2 feuilles de laurier
250 mL (1 tasse) de beurre, fondu
Jus de 1 citron

1. Bien brosser les moules, et les débarrasser des byssus. Jeter toutes les coquilles brisées ou mal fermées.

2. Placer les moules dans un bol d'eau froide et ajouter une poignée de farine ou de fécule de maïs. Laisser tremper 30 minutes. *Jeter le liquide*   *1/3 de tasse*

3. Égoutter les moules et les placer dans une grande casserole. Ajouter le reste des ingrédients, sauf le beurre et le jus de citron. Couvrir et porter à ébullition.

4. De temps à autre, remuer les moules pour obtenir une cuisson uniforme. Faire cuire 5 minutes, ou jusqu'à ce que les coquilles s'ouvrent. Éliminer les coquilles fermées.

5. Placer les moules cuites dans des bols individuels. Filtrer le bouillon de cuisson. Verser le bouillon dans des petits bols et servir avec les moules. Incorporer le jus de citron au beurre fondu. Verser dans des petits bols. Pour déguster, tremper les moules dans le bouillon et le beurre fondu. Utiliser une coquille ou une petite fourchette pour retirer la moule.

Étape 1 Utiliser une brosse rigide pour brosser les moules, et les débarrasser des byssus.

Étape 1 Pour vérifier si les moules sont bien vivantes, les taper contre la surface de travail. La coquille devrait se refermer.

Étape 5 Pour déguster, tenir une coquille vide entre 2 doigts et pincer les moules pour les retirer de leur coquille.

Notes du chef

Temps
Comptez environ 30 minutes de préparation et 5 minutes de cuisson.

Conseil
Les «byssus» des moules sont des filaments qui rattachent les moules aux rochers où elles vivent. Enlevez-les complètement en tirant dessus ou en les brossant vigoureusement.

Variante
Préparez la même recette en utilisant des palourdes. L'ajout de l'ail est facultatif. Si désiré, utilisez des fines herbes hachées.

POUR 6 PERSONNES

POIVRONS FARCIS AUX CREVETTES ET AU POULET

Pourquoi ne pas apporter à ce plat une touche ensoleillée en utilisant des poivrons de couleur différente.

3 gros poivrons de couleur différente
60 mL (4 c. à s.) de beurre ou margarine
1 petit oignon, haché fin
1 branche de céleri, hachée fin
1 gousse d'ail, épluchée, écrasée et hachée
2 poitrines de poulet, en petits dés
125 g (1/4 lb) de crevettes cuites, décortiquées
10 mL (2 c. à t.) de persil haché
1/2 pain français rassis, écroûté et émietté en panure
1 à 2 œufs, battus
Sel, poivre et une pincée de poivre de Cayenne
90 mL (6 c. à s.) de fine chapelure

1. Couper les poivrons en 2 dans le sens de la longueur, et retirer les graines. Si désiré, laisser le pédoncule.

2. Faire chauffer le beurre dans une casserole. Ajouter l'oignon, le céleri, l'ail et le poulet. Faire cuire, à feu moyen, jusqu'à ce que les légumes soient tendres et le poulet, cuit. Incorporer les crevettes et le persil. Assaisonner de sel, de poivre et de poivre de Cayenne.

3. Incorporer la panure et assez d'œuf battu pour lier la farce.

4. Bien remplir les demi-poivrons de farce. Les disposer, bien serrés les uns contre les autres, dans un plat à gratin.

5. Verser, au fond du plat, juste assez d'eau pour couvrir environ 1 cm (1/2 po) des côtés des poivrons. Couvrir et faire cuire 45 minutes, dans un four préchauffé à 180 °C (350 °F), ou jusqu'à ce que les poivrons soient tendres.

6. Saupoudrer chacun de chapelure et faire dorer sous un gril préchauffé. Servir chaud ou froid.

Étape 1 Couper les poivrons et retirer les graines et la membrane blanche.

Étape 4 Remplir les demi-poivrons de farce pour qu'ils soient bombés, et égaliser la surface.

Étape 5 Disposer les poivrons bien serrés dans un plat à gratin. Prudemment, verser l'eau au fond du plat pour couvrir 1 cm (1/2 po) des côtés des poivrons.

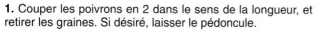

Notes du chef

Temps
Comptez environ 30 minutes de préparation et 45 à 50 minutes de cuisson.

Variante
Utilisez des oignons verts au lieu de l'oignon. Si désiré, ajoutez des noix hachées ou des olives à la farce.

Service
Servez ces poivrons chauds ou froids comme plat principal, ou pour le lunch ou le souper, accompagnés d'une salade.

POUR 2 À 4 PERSONNES

CREVETTES FARCIES

Cette recette est très populaire partout où l'on peut se procurer
des crevettes fraîches.

24 grosses crevettes fraîches
60 mL (4 c. à s.) de beurre ou margarine
1 petit poivron rouge, épépiné et haché fin
2 oignons verts, hachés fin
2 mL (1/2 c. à t.) de moutarde en poudre
10 mL (2 c. à t.) de xérès
5 mL (1 c. à t.) de sauce Worcestershire
125 g (1/4 lb) de chair de crabe cuite
90 mL (6 c. à s.) de chapelure fraîche
15 mL (1 c. à s.) de persil haché
30 mL (2 c. à s.) de mayonnaise
Sel et poivre
1 petit œuf, battu
Parmesan râpé
Paprika

1. Décortiquer les crevettes en laissant le bout des queues.

2. Enlever la veine noire.

3. Fendre le dos des crevettes et appuyer sur les côtés pour les entrouvrir.

4. Faire fondre la moitié du beurre dans une petite casserole. Faire cuire le poivron 3 minutes pour l'attendrir. Ajouter les oignons verts et poursuivre la cuisson, 2 minutes.

5. Combiner le poivron et les oignons verts avec la moutarde, le xérès, la sauce Worcestershire, la chair de crabe, la chapelure, le persil et la mayonnaise. Saler, poivrer et ajouter assez d'œuf battu pour lier la farce.

6. Farcir les crevettes. Saupoudrer de parmesan et de paprika. Faire fondre le reste du beurre et le verser sur les crevettes.

7. Faire cuire environ 8 minutes, dans un four préchauffé à 180 °C (350 °F). Servir aussitôt.

Étape 3 Fendre le dos des crevettes et appuyer sur les côtés pour les entrouvrir.

Étape 6 Placer la farce dans les crevettes en pressant légèrement.

Notes du chef

Temps
Comptez environ 30 minutes de préparation et 15 minutes de cuisson.

Variante
Pour un goût différent, essayez l'ajout d'olives vertes ou noires à la farce. On peut faire cuire des champignons avec le poivron et les oignons verts. Si désiré, remplacez le persil par des fines herbes.

Service
Servez en hors-d'œuvre ou en plat de résistance pour 2 personnes.

POUR 4 PERSONNES

HUÎTRES À L'ORIGAN

Le mariage origan et anisette est assez inusité,
mais parfume bien les huîtres fraîches.

15 mL (1 c. à s.) de beurre ou margarine
1 gousse d'ail, épluchée, écrasée et hachée
15 mL (1 c. à s.) de persil haché
15 mL (1 c. à s.) d'origan frais haché
　　ou 7 mL (1 1/2 c. à t.) d'origan séché
15 mL (1 c. à s.) de Pernod
175 mL (3/4 tasse) de crème épaisse
Sel et poivre
24 huîtres sur demi-coquilles
12 tranches de bacon, cuites et émiettées
Gros sel

1. Faire fondre le beurre dans une casserole. Ajouter l'ail et laisser ramollir 1 à 2 minutes, à feu doux.

2. Ajouter le persil, l'origan, le Pernod et la crème. Porter à ébullition et laisser mijoter, à feu doux. Ajouter, en filtrant, l'eau des huîtres. À l'aide d'un petit couteau, détacher légèrement les huîtres de leur coquille.

3. Faire réduire la sauce du quart, et jusqu'à ce qu'elle épaississe légèrement. Rectifier l'assaisonnement. Mettre de côté.

4. Étaler environ 2,5 cm (1 po) de gros sel dans un plat allant au four.

5. Disposer les huîtres sur le sel et bien les caler pour qu'elles se tiennent à niveau.

6. Napper chaque huître d'une cuillerée de sauce. Parsemer de bacon émietté.

7. Faire cuire 8 à 10 minutes, dans un four préchauffé à 200 °C (400 °F). Servir aussitôt.

Étape 2 Utiliser un petit couteau pointu pour détacher l'huître de sa coquille.

Étape 3 Faire réduire la sauce du quart.

Étape 5 Disposer les huîtres dans leur coquille sur du gros sel, et les caler pour qu'elles tiennent bien.

Notes du chef

Temps
Comptez environ 25 minutes de préparation et 15 à 20 minutes de cuisson, en incluant la cuisson du bacon.

Guide d'achat
Pour ouvrir les huîtres, procurez-vous un couteau à huîtres muni d'une lame courte et résistante. Glissez la lame dans la charnière et ouvrir.

Variante
Si les huîtres ne sont pas disponibles, utilisez des moules ou des palourdes.

POUR 6 À 8 PERSONNES

BOULETTES DE CRABE

Délicieuses servies en hors-d'œuvre ou avec l'apéritif, ces boulettes de crabe
peuvent se préparer à l'avance, puis être panées à la dernière minute.

450 g (1 lb) de chair de crabe fraîche ou surgelée, hachée fin
4 tranches de pain, écroûtées et émiettées en panure
15 mL (1 c. à s.) de beurre ou margarine
15 mL (1 c. à s.) de farine
125 mL (1/2 tasse) de lait
1/2 piment rouge ou vert, haché fin
1 oignon vert, haché fin
15 mL (1 c. à s.) de persil haché
Sel
Farine
2 œufs, battus
Chapelure
Huile pour la friture

1. Combiner la chair de crabe avec la panure et mettre de
côté.

2. Faire fondre le beurre. Retirer du feu et ajouter la farine.
Incorporer le lait et remettre à feu moyen. Porter à ébullition,
en remuant constamment.

3. Incorporer la sauce blanche au mélange de crabe. Ajouter
le piment, l'oignon vert et le persil. Saler au goût et remuer.
Couvrir et laisser complètement refroidir.

4. Façonner, entre les mains farinées, des boulettes de
2,5 cm (1 po) de diamètre.

5. Les passer dans les œufs battus en utilisant une fourchette pour les rouler, ou les badigeonner au pinceau.

6. Les enrober de chapelure.

Étape 4 Bien se
fariner les mains et
façonner la farce
en boulettes.

Étape 5 Passer les
boulettes dans les
œufs battus ou les
badigeonner au
pinceau.

7. Les faire frire dans une sauteuse profonde, une casserole
ou une friteuse contenant de l'huile à 180 °C (350 °F). Laisser dorer environ 3 minutes par groupe de 6. Retourner de
temps à autre durant la cuisson.

8. Égoutter sur du papier absorbant et saler légèrement.

Notes du chef

Temps
Comptez environ 40 à
50 minutes de préparation,
en incluant le refroidis-
sement de la farce. Un
groupe de 6 boulettes
requiert environ 3 minutes
de cuisson.

Variante
Remplacez le crabe par des
crevettes hachées fin. Si
désiré, omettez le piment ou
réduisez la quantité.

Épargne
Utilisez de l'aiglefin cuit pour
remplacer la moitié de la
chair de crabe.

POUR 4 PERSONNES

HUÎTRES ROCKEFELLER

Voici un fameux plat américain qui ne laisse personne indifférent.

24 huîtres fraîches
Gros sel
6 tranches de bacon, hachées fin
600 g (1 1/4 lb) d'épinards frais, nettoyés et
　　les feuilles hachées fin
1 petite botte d'oignons verts, hachés fin
2 gousses d'ail, épluchées, écrasées et hachées
60 à 75 mL (4 à 5 c. à s.) de fine panure
1 soupçon de tabasco
30 mL (2 c. à s.) de liqueur d'anisette
1 pincée de sel
Parmesan râpé

1. Détacher les huîtres de leur coquille, filtrer et réserver leur eau.

2. Rincer les coquilles et disposer 1 huître dans chacune. Verser environ 2,5 cm (1 po) de gros sel dans un plat allant au four. Placer les huîtres dans leur coquille sur le gros sel, en les calant bien.

3. Dans un grand poêlon, faire cuire lentement le bacon pour qu'il rende son gras. Augmenter le feu et faire rissoler le bacon.

4. Ajouter les épinards, les oignons verts et l'ail. Faire cuire jusqu'à ce qu'ils soient tendres. Incorporer la panure, le tabasco, l'eau des huîtres, la liqueur et le sel.

5. Répartir la garniture entre chaque huître. Saupoudrer de parmesan. Enfourner dans un four préchauffé à 180 °C (350 °F), et cuire 8 minutes. Puis, dorer 2 à 3 minutes sous le gril. Servir aussitôt.

Étape 1 À l'aide d'un petit couteau pointu, détacher les huîtres de leur coquille. Il est plus facile de les déguster de cette façon. Récupérer l'eau des huîtres dans un bol.

Étape 2 Étaler du gros sel dans un plat allant au four, et y caler les huîtres.

Étape 5 Répartir la garniture entre chaque huître pour les recouvrir complètement.

Notes du chef

Temps
Comptez environ 25 minutes de préparation ou plus, si vous ouvrez vous-même les huîtres, et 18 minutes de cuisson.

Guide d'achat
Si vous préférez, demandez à l'écailler d'ouvrir les huîtres et de vous réserver leur eau.

Variante
Remplacez le bacon par des anchois hachés fin et la graisse de bacon, par 45 mL (3 c. à s.) de beurre.

POUR 2 À 4 PERSONNES

CHAIR DE CRABE IMPÉRIALE

Délicieux souvenir de la Côte d'Azur.

2 petits crabes, cuits
30 mL (2 c. à s.) d'huile
4 oignons verts, le blanc et le vert hachés
    séparément
1 petit poivron vert, épépiné et haché fin
1 branche de céleri, hachée fin
1 gousse d'ail, épluchée, écrasée et hachée
175 mL (3/4 tasse) de mayonnaise
15 mL (1 c. à s.) de moutarde douce
1 soupçon de tabasco et de sauce Worcestershire
1 morceau de poivron rôti, haché fin
30 mL (2 c. à s.) de persil haché
Sel et poivre
Laitue fraîche ciselée

1. Détacher les pinces et les pattes des crabes en les tordant.

2. Retourner les crabes. Séparer le plastron de la carapace.

3. Jeter la poche abdominale. À l'aide d'une petite cuiller, extraire la chair brune de la carapace et des avéoles. Réserver.

4. Couper le plastron en 4 et en extraire la chair.

5. Casser les pinces et les pattes. Puis, si possible, extraire la chair en un seul morceau. Mettre la chair de côté. Nettoyer les carapaces pour le service.

6. Faire chauffer l'huile dans une petite sauteuse. Ajouter le blanc des oignons verts, le poivron vert, le céleri et l'ail. Faire sauter 8 minutes, à feu doux, en remuant fréquemment pour attendrir les légumes. Retirer du feu, verser dans un bol et laisser refroidir. Ajouter la mayonnaise, la moutarde, les sauces tabasco et Worcestershire, le poivron rôti et le vert des oignons verts. Saler, poivrer.

7. Partager la chair brune réservée entre chaque carapace. Combiner le reste de la chair de crabe avec la sauce. Ou, si désiré, réserver la chair des pinces pour la garniture. Placer le mélange dans les carapaces, par-dessus la chair brune. Disposer les carapaces sur des plats de service garnis de laitue ciselée. Si désiré, garnir avec les pinces. Parsemer de persil. Servir aussitôt.

Étape 3 Jeter la poche abdominale. Extraire la chair brune de la carapace et la réserver.

Étape 4 Couper le plastron avec un couteau bien affilé et en extraire la chair.

Notes du chef

Temps
Comptez environ 45 minutes de préparation et 8 minutes de cuisson.

Variante
Si désiré, utilisez du crabe apprêté ou de la chair de crabe surgelée. Calculez 90 à 125 g (3 à 4 oz) de chair de crabe par personne.

Guide d'achat
Achetez les crabes pré-cuits chez le poissonnier ou dans les marchés de poisson. Utilisez-les le jour même de l'achat.

POUR 4 PERSONNES

CREVETTES ACAPULCO

Préparez ces crevettes pour un goûter rapide ou un élégant amuse-gueule.
Pour accompagner l'apéritif, utilisez de petites tranches de pain.

4 tranches de pain, écroûtées
90 mL (6 c. à s.) de beurre ramolli
170 g (6 oz) de crevettes cuites, décortiquées et déveinées
2 mL (1/2 c. à t.) de chili en poudre
1 mL (1/4 c. à t.) de paprika
1 mL (1/4 c. à t.) de cumin
Sel et poivre
Cresson frais pour garnir

1. Couper les tranches de pain en deux et les tartiner de 30 mL (2 c. à s.) de beurre. Beurrer modérément les 2 côtés.

2. Placer le pain sur une tôle à pâtisserie. Enfourner dans un four préchauffé à 180 °C (350 °F). Faire cuire 10 à 15 minutes, ou jusqu'à ce qu'il soit bien doré. Garder chaud.

3. Faire fondre le reste du beurre dans une petite casserole. Ajouter les crevettes et les épices. Saler, poivrer et bien mélanger.

4. Réchauffer complètement et répartir sur le pain grillé. Garnir de cresson et servir chaud.

Étape 2 Faire dorer le pain sur une tôle à pâtisserie.

Étape 3 Faire réchauffer les crevettes et le mélange aux épices à feu doux, en remuant constamment.

Notes du chef

 Temps
Comptez environ 15 minutes de préparation, 10 à 15 minutes pour la cuisson du pain et 5 minutes pour réchauffer la garniture aux crevettes.

 À surveiller
Ne faites pas cuire les crevettes trop longtemps ou à feu élevé, car elles durcissent facilement.

 Conseil
Préparez le pain à l'avance et faites-le réchauffer 5 minutes au four. Ne faites pas réchauffer les crevettes.

POUR 4 À 6 PERSONNES

CREVETTES SAUTÉES

Voici un hors-d'œuvre incroyablement délicieux et facile à préparer.
Utilisez des crevettes fraîches ou déjà cuites.

900 g (2 lb) de crevettes cuites
2 gousses d'ail, épluchées, écrasées et hachées
1 morceau de gingembre frais de 2,5 cm (1 po), haché fin
15 mL (1 c. à s.) de coriandre hachée
45 mL (3 c. à s.) d'huile
15 mL (1 c. à s.) d'alcool de riz ou xérès
25 mL (1 1/2 c. à s.) de sauce soya légère
Oignons verts pour garnir

Étape 1
Décortiquer les crevettes en laissant le bout des queues intact.

Étape 1 Retirer délicatement la tête de chaque crevette.

1. Décortiquer les crevettes en leur laissant le bout de la queue. Les mettre dans un bol et ajouter le reste des ingrédients, sauf la garniture. Laisser mariner 30 minutes.

2. Faire chauffer un wok ou une sauteuse. Ajouter les crevettes et leur marinade. Faire cuire rapidement pour réchauffer les crevettes.

3. Hacher ou émincer les oignons verts. Les parsemer sur les crevettes au moment de servir.

Notes du chef

Temps
Comptez environ 30 minutes de préparation pour laisser mariner les crevettes, et 2 minutes de cuisson.

À surveiller
Ne laissez pas durcir les crevettes en les faisant cuire trop longtemps.

Variante
Si vous utilisez des crevettes fraîches, faites-les sauter avec la marinade jusqu'à ce qu'elles deviennent roses.

POUR 4 PERSONNES

MOULES AU VIN ROUGE

Ne diriez-vous pas que le vin rouge et les moules font une combinaison assez inusitée? Tout aussi délicieux avec des palourdes.

1,5 kg (3 1/4 lb) de moules, bien brossées
250 mL (1 tasse) de vin rouge sec
90 mL (6 c. à s.) d'huile
4 gousses d'ail, épluchées, écrasées et hachées
2 feuilles de laurier
30 mL (2 c. à s.) de thym, haché
90 mL (6 c. à s.) de vinaigre de vin rouge
5 mL (1 c. à t.) de paprika
Zeste râpé et jus de 1 citron
Sel et poivre
1 pincée de poivre de Cayenne
1 pincée de sucre (facultatif)
Persil haché

1. Préparer les moules ainsi qu'il est dit dans la recette de Paella. Verser le vin dans une grande casserole et porter à ébullition. Ajouter les moules, couvrir et cuire rapidement, environ 4 à 5 minutes, en remuant fréquemment, jusqu'à ce que les moules s'ouvrent. Éliminer les coquilles fermées.

2. Mettre les moules dans une grande assiette. Filtrer le jus de cuisson et réserver.

3. Dans une casserole propre, faire chauffer l'huile. Dorer l'ail, à feu doux. Ajouter les feuilles de laurier, le thym, le vinaigre, le paprika, le jus et le zeste de citron, le sel, le poivre et le poivre de Cayenne. Incorporer le jus filtré et le sucre et porter à ébullition. Faire réduire jusqu'à environ 150 mL (2/3 tasse). Laisser complètement refroidir.

4. Décoquiller les moules et les mettre dans le liquide refroidi. Remuer pour bien les enrober. Couvrir et réfrigérer au moins 2 heures. Laisser reposer 30 minutes à la température de la pièce, avant de servir. Parsemer de persil.

Étape 1 Faire cuire les moules, à feu vif, en remuant fréquemment, jusqu'à ce qu'elles s'ouvrent.

Étape 2 Placer les moules dans une assiette. Passer le jus de cuisson à la mousseline.

Étape 4 Décoquiller les moules avec les doigts ou une cuiller.

Notes du chef

Temps
Comptez environ 30 minutes de préparation et 9 à 10 minutes de cuisson.

Service
Servez dans des petits plats comme des tapas. Pour un repas plus formel, garnissez les plats de feuilles de laitue avant d'y poser les moules. Si désiré, parsemez de persil haché.

Variante
Si vous utilisez des moules surgelées, augmentez le temps de cuisson de 2 à 3 minutes.

POUR 4 PERSONNES

GOUJONS FRITS À LA SAUCE À L'AIL

Ces petits poissons de rivière, présentés d'une façon si artistique, sont fréquemment servis en hors-d'œuvre.

250 mL (1 tasse) de farine
1 pincée de sel
60 à 90 mL (4 à 6 c. à s.) d'eau froide
900 g (2 lb) de goujons frais
Huile pour la friture

Sauce à l'ail
4 tranches de pain, écroûtées, trempées 10 minutes dans l'eau
4 gousses d'ail, épluchées et grossièrement hachées
30 mL (2 c. à s.) de jus de citron
60 à 75 mL (4 à 5 c. à s.) d'huile d'olive
15 à 30 mL (1 à 2 c. à s.) d'eau (facultatif)
Sel et poivre
10 mL (2 c. à t.) de persil haché
Quartiers de citron pour garnir (facultatif)

1. Tamiser la farine et le sel dans un bol profond. Graduellement, incorporer juste assez d'eau pour obtenir une pâte très épaisse.

2. Dans une sauteuse profonde, faire chauffer assez d'huile pour la friture.

3. Prendre 3 poissons à la fois et les tremper ensemble dans la pâte. Presser fermement leur queue pour former un éventail.

4. Les plonger prudemment dans l'huile chaude. Faire frire plusieurs groupes à la fois, jusqu'à ce qu'ils soient croquants et dorés. Procéder de la même façon pour le reste des goujons.

Étape 3 Tremper 3 poissons à la fois dans la pâte. Presser fermement les queues pour former un éventail.

Étape 4 Plonger prudemment les poissons dans l'huile chaude pour qu'ils conservent leur forme.

5. Entre-temps, essorer le pain et le mettre dans le bol du robot culinaire avec l'ail et le jus de citron. Mettre le robot en marche et ajouter l'huile en un mince filet. Si le mélange est trop épais et sec, incorporer l'eau. Saler, poivrer et ajouter le persil à la main. Égoutter les goujons cuits et les poudrer légèrement de sel. Les disposer sur des assiettes de service et les napper de sauce. Si désiré, garnir de quartiers de citron.

Notes du chef

Temps
Comptez environ 30 minutes de préparation et 3 minutes de cuisson par groupe de poissons.

Préparation
Enrobez les poissons de pâte juste au moment de les faire frire.

Conseil
Dégustez les goujons dès qu'ils sont frits. Si vous êtes en retard, gardez-les chauds dans un four doux.

Variante
Trempez les poissons dans la pâte et faites-les frire individuellement. Utilisez d'autres poissons tels que les éperlans et les sardines ou de fines languettes de morue ou flétan.

POUR 4 PERSONNES

CALMARS FRITS

On les appelle aussi encornets ou calamars.
Accompagnez-les d'un vin blanc sec.

700 g (1 1/2 lb) de calmars frais
125 mL (1/2 tasse) de farine
Sel et poivre
Huile pour la friture
Quartiers de citron et persil pour la garniture

1. Tenir le corps du calmar d'une main et la tête, de l'autre. Tirer doucement pour séparer. Retirer les entrailles et le cartilage transparent. Rincer les calmars à l'eau froide en frottant les tentacules pour les dépouiller.

2. Couper les tentacules de la tête, juste en dessous de l'œil. Séparer en tentacules individuelles.

3. Enlever la peau du corps. Couper la chair en rondelles de 5 mm (1/4 po) d'épaisseur.

4. Mélanger la farine, le sel et le poivre dans un plat peu profond. Passer les calmars dans le mélange pour bien les enrober. Faire chauffer l'huile à 180 °C (350 ° F). Faire frire 6 rondelles à la fois, en gardant les tentacules pour la fin. Lorsqu'elles sont bien dorées et croquantes, les égoutter sur du papier absorbant. Poudrer légèrement de sel. Poursuivre la cuisson des morceaux qui restent. Les rondelles prennent

Étape 2 Couper les tentacules juste en dessous de l'œil. Les séparer en morceaux individuels.

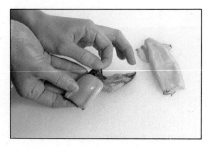

Étape 3 Dépouiller les calmars de leur peau. Couper le corps en rondelles.

environ 3 minutes de cuisson. Disposer dans des plats de service. Garnir de citron et de persil.

Notes du chef

Temps
Comptez environ 25 minutes de préparation et 3 minutes de cuisson pour chaque groupe de 6 morceaux.

Service
Au moment de servir, parsemez les calmars d'origan frais haché.

Préparation
Enrobez les morceaux de calmars de pâte juste avant de les faire frire, pour éviter qu'ils ne soient détrempés.

À surveiller
Pendant la cuisson des calmars, attention aux éclaboussures d'huile qui pourraient vous brûler.

Conseil
Pour réchauffer les calmars, placez-les 10 minutes dans un four. Ne les faites pas frire de nouveau, car ils durciraient.

POUR 4 À 6 PERSONNES

CREVETTES MARINÉES AU VIN BLANC

Un plat de Schleswig-Holstein comme celui-ci possède
une saveur scandinave bien distincte.

900 g (2 lb) de crevettes fraîches

Marinade
250 mL (1 tasse) de vin blanc sec
60 mL (4 c. à s.) de jus de citron
15 mL (1 c. à s.) d'aneth frais haché
1 pincée de sel et de poivre noir
1 gousse d'ail, épluchée, écrasée et hachée
1 feuille de laurier
60 mL (4 c. à s.) de beurre ou margarine
Persil haché pour garnir

Étape 1
Décortiquer les
crevettes et retirer
la veine noire le
long du dos.

1. Décortiquer les crevettes et retirer la veine noire le long du dos. Si désiré, laisser le bout des queues intact. Placer les crevettes dans un plat peu profond.

2. Combiner tous les ingrédients de la marinade, sauf le persil et le beurre. Verser la marinade sur les crevettes et les retourner plusieurs fois pour les enrober. Laisser mariner au moins 2 heures au réfrigérateur.

3. Faire fondre le beurre ou la margarine dans un grand poêlon. Égoutter les crevettes de la marinade et les mettre dans le beurre chaud. Cuire 6 à 8 minutes, à feu moyen, en remuant fréquemment pour obtenir une cuisson uniforme.

4. Verser la marinade dans une casserole. Porter à ébullition jusqu'à ce qu'elle épaississe et réduise environ des 3/4.

5. Disposer les crevettes cuites dans un grand plat de service ou dans des plats individuels. Arroser de la marinade réduite. Parsemer de persil et servir aussitôt.

Étape 3 Les crevettes sont cuites lorsqu'elles se recroquevillent légèrement, deviennent opaques et prennent une couleur rosée. Ne pas trop les cuire, car elles durciront.

Étape 4 Verser la marinade dans une casserole, et porter rapidement à ébullition pour la faire réduire des 3/4.

Notes du chef

 À surveiller
Ne faites pas cuire les crevettes trop longtemps ou à chaleur vive, car elles durciront.

 Conseil
Servies froides, les crevettes peuvent être préparées le jour précédent.

 Service
Accompagnez les crevettes de petits pains ou de pain brun. Si vous les servez froides, faites-les bien refroidir. Présentez-les sur un lit de feuilles de laitue.

POUR 4 À 6 PERSONNES

BROCHETTES D'ESPADON

L'espadon est un poisson marin vivant dans les eaux tempérées.
Il ne se défait pas durant la cuisson – un atout
dans la préparation des brochettes.

1 kg (2 1/4 lb) de darnes d'espadon, désossées
90 mL (6 c. à s.) d'huile d'olive
5 mL (1 c. à t.) d'origan haché
5 mL (1 c. à t.) de marjolaine hachée
Jus et zeste de 1/2 citron
24 tomates cerises
2 citrons, en fines rondelles
Sel et poivre fraîchement moulu
Rondelles de citron et persil plat pour garnir

1. Détailler les darnes d'espadon en morceaux de 5 cm (2 po).

2. Mélanger ensemble l'huile, les aromates, le jus et le zeste de citron. Mettre de côté. Sur des brochettes, enfiler, en alternant, espadon, tomates et rondelles de citron. Badigeonner les brochettes du mélange à l'huile. Faire cuire 6 à 8 minutes, sous un gril préchauffé, en badigeonnant fréquemment de marinade. Saler et poivrer. Servir et garnir de rondelles de citron et de persil.

Étape 1 Détailler l'espadon en morceaux réguliers de 5 cm (2 po).

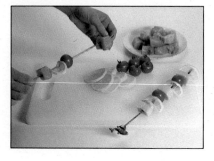

Étape 2 Sur des brochettes, enfiler les ingrédients, en alternant les couleurs.

Notes du chef

Temps
Comptez environ 15 minutes de préparation et 10 minutes de cuisson.

Variante
Remplacez l'espadon par du thon frais et les tomates cerises, par des quartiers de tomates.

Service
Accompagnez les brochettes d'un risotto et d'une salade verte.

POUR 4 PERSONNES

MOULES MARINIÈRES

En combinant les moules et la crème,
on obtient un plat de fruits de mer sans pareil.

1,5 kg (3 1/4 lb) de moules
375 mL (1 1/2 tasse) de vin blanc sec
Persil frais
4 échalotes sèches, épluchées et hachées fin
1 gousse d'ail, épluchée, écrasée et hachée
1 bouquet garni
125 mL (1/2 tasse) de crème épaisse
45 mL (3 c. à s.) de beurre, en petits morceaux

1. Bien brosser les moules et les débarrasser des byssus. Éliminer les coquilles brisées. Placer les moules dans un grand bol et laisser tremper au moins 1 heure, dans l'eau froide. Entre-temps, hacher très finement le persil pour obtenir 30 mL (2 c. à s).

2. Dans une grande casserole, porter le vin à ébullition. Incorporer les oignons verts, l'ail et le bouquet garni. Ajouter les moules, couvrir et cuire 4 à 5 minutes. Secouer la casserole ou remuer fréquemment jusqu'à ce que les moules s'ouvrent. Retirer et placer les moules dans une grande soupière ou dans des bols individuels. Jeter les coquilles fermées.

3. Faire réduire le liquide de cuisson de moitié. Le passer à la mousseline dans une autre casserole. Ajouter la crème, porter à ébullition, et cuire 3 minutes, à feu moyen. Retirer du feu et incorporer le beurre, quelques morceaux à la fois. Rectifier l'assaisonnement et ajouter le persil. Verser la sauce sur les moules. Servir.

Étape 1 Éliminer les tiges et hacher très finement les feuilles de persil.

Étape 2 Secouer la casserole durant la cuisson des moules, ou les remuer fréquemment jusqu'à ce qu'elles s'ouvrent.

Étape 3 Incorporer le beurre à la sauce, quelques morceaux à la fois.

Notes du chef

Préparation
Faites tremper les moules dans de l'eau additionnée d'une poignée de farine ou de fécule de maïs pour aider à éliminer le sable.

Service
Servez en hors-d'œuvre chaud, accompagné de pain français, ou doublez la quantité de moules pour servir comme plat de résistance.

Temps
Comptez environ 30 minutes de préparation et 15 minutes de cuisson.

POUR 6 PERSONNES

ESCABÈCHE DE BAUDROIE

À l'origine, cette méthode de mariner le poisson dans le vinaigre était utilisée pour sa conservation. Toutes sortes de poissons et même la volaille et le gibier peuvent être préparés de cette façon.

1,5 kg (3 1/4 lb) de baudroie
90 mL (6 c. à s.) de farine
1 pincée de sel et de poivre
1 carotte moyenne, épluchée et émincée
1 oignon moyen, émincé
1 feuille de laurier
2 branches de persil
1/4 à 1/2 piment rouge frais, haché fin
375 mL (1 1/2 tasse) de vinaigre de vin blanc
6 gousses d'ail, épluchées et émincées
Huile d'olive

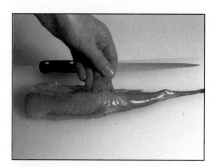

Étape 1 Enlever la membrane brunâtre extérieure de la baudroie.

1. Enlever la membrane brunâtre extérieure de la baudroie.

2. Avec la pointe d'un couteau tranchant, inciser tout le long de l'arête dorsale pour détacher la chair.

3. Détailler la baudroie en morceaux de 2,5 cm (1 po) d'épaisseur. Mélanger la farine, le sel et le poivre. Passer le poisson dans la farine et le secouer pour retirer l'excédent. Faire frire dans l'huile chaude jusqu'à ce qu'il soit bien doré. Égoutter sur du papier absorbant.

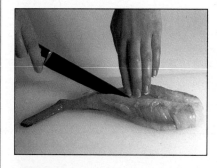

Étape 2 À l'aide d'un couteau tranchant, inciser le long de l'arête dorsale pour détacher un côté de la chair. Répéter le même procédé pour l'autre côté.

4. Faire cuire la carotte et l'oignon environ 5 minutes, dans l'huile chaude. Ajouter la feuille de laurier, le persil, le piment, le vinaigre et 250 mL (1 tasse) d'eau. Couvrir et laisser mijoter doucement, 20 minutes.

5. Placer le poisson dans un plat à gratin peu profond et arroser de marinade. Parsemer d'ail et bien couvrir. Réfrigérer 24 heures, en retournant plusieurs fois le poisson.

6. Pour servir, retirer le poisson de la marinade et le disposer dans une assiette de service. Arroser de marinade et, si désiré, garnir de persil.

Étape 3 Détailler la baudroie en morceaux de 2,5 cm (1 po) d'épaisseur.

Notes du chef

Temps
Comptez environ 25 minutes de préparation, 24 heures de réfrigération et 25 minutes de cuisson.

Variante
Remplacez la baudroie par des petits filets de truite ou par des darnes de morue ou de saumon.

Service
Servez en hors-d'œuvre ou pour un lunch léger, accompagné d'une salade verte.

POUR 4 PERSONNES

CHOUX AUX CREVETTES

Ces pâtisseries légères font d'excellents amuse-gueule pour un pique-nique
ou une réunion amicale.

90 mL (6 c. à s.) de beurre
75 mL (5 c. à s.) d'eau
175 mL (3/4 tasse) de farine, tamisée
3 œufs, battus
45 mL (3 c. à s.) de beurre
90 mL (6 c. à s.) de farine
250 mL (1 tasse) de lait
30 mL (2 c. à s.) de vin blanc
1 feuille de laurier
250 mL (1 tasse) de crevettes décortiquées, déveinées
  et hachées
2 œufs durs, hachés
1 pincée de muscade
5 mL (1 c. à t.) d'aneth frais haché
Sel et poivre

1. Mettre 90 mL (6 c. à s.) de beurre et l'eau dans une casserole. Porter à ébullition. Ajouter 175 mL (3/4 tasse) de farine d'un seul coup et battre jusqu'à ce que le mélange soit lisse et se détache de la casserole. Laisser refroidir légèrement.

2. Incorporer la moitié des œufs battus, en battant vigoureusement, jusqu'à ce que la pâte épaississe. Ajouter le reste des œufs et battre jusqu'à l'obtention d'une pâte lisse et brillante.

3. Sur une tôle à pâtisserie légèrement beurrée et farinée, faire glisser 5 mL (1 c. à t.) comble de pâte. Répéter en espaçant bien les boulettes de pâte. Faire cuire 25 minutes, dans un four préchauffé à 200 °C (400 °F), ou jusqu'à ce que les choux soient dorés et fermes au toucher. Éteindre le four, entrouvrir la porte et laisser reposer 40 minutes.

Étape 2 Dans le mélange de farine, ajouter les œufs graduellement, en les battant, jusqu'à l'obtention d'une pâte lisse et brillante.

Étape 6 Fendre les choux aux 2/3 de la hauteur et les remplir de garniture.

4. Faire chauffer 45 mL (3 c. à s.) de beurre dans une casserole et incorporer 90 mL (6 c. à s.) de farine. Ajouter le lait graduellement, en battant bien entre chaque addition. Lorsque le lait est bien mélangé, ajouter le vin et la feuille de laurier. Porter à ébullition en remuant constamment et cuire 8 minutes, à feu moyen.

5. Retirer la feuille de laurier. Incorporer le reste des ingrédients et laisser mijoter 3 minutes.

6. Fendre les choux aux 2/3 de la hauteur et les remplir de garniture aux crevettes et aux œufs.

Notes du chef

Temps
Comptez environ 15 minutes de préparation et 30 à 35 minutes de cuisson.

Variante
Remplacez la farine par de la farine de blé entier.

Préparation
Utilisez un robot culinaire ou un mélangeur pour incorporer les œufs au mélange à la farine.

Conseil
Lorsque les choux sont cuits, éteignez le four et entrouvrez la porte. Laissez sécher les choux pendant 40 minutes.

POUR 4 À 8 PERSONNES

CARI DE POISSON

Ce cari doux, sophistiqué, servira 4 personnes pour un goûter estival, ou
8 personnes pour un élégant hors-d'œuvre.

225 g (1/2 lb) de filets de saumon frais
350 g (3/4 lb) de filets de corégone
Bouillon de poulet
Sel et poivre
125 mL (1/2 tasse) de mayonnaise
500 mL (2 tasses) de yogourt nature
10 mL (2 c. à t.) de cari
Jus et zeste râpé de 1/2 citron
175 mL (3/4 tasse) de crevettes cuites, décortiquées

Garnitures
Kiwi, pelé et tranché
Feuilles de menthe fraîche
Noix de coco râpée

4. Dans un bol de grandeur moyenne, mélanger la mayonnaise et le yogourt. Incorporer le cari, le jus et le zeste de citron.

5. Émietter le poisson cuit en retirant la peau et les arêtes. L'incorporer, ainsi que les crevettes, à la sauce au cari.

6. Disposer le cari de poisson dans des assiettes de service. Garnir de rondelles de kiwi, de feuilles de menthe et de noix de coco.

1. Placer le filet de poisson dans un poêlon peu profond et ajouter assez de bouillon de poulet pour couvrir.

2. Assaisonner au goût et laisser mijoter doucement, jusqu'à ce que le poisson soit tendre.

3. Retirer délicatement le poisson du liquide de cuisson et laisser refroidir légèrement.

Étape 4 Incorporer le cari, le jus et le zeste de citron au mélange mayonnaise et yogourt.

Étape 1 Placer les filets de poisson dans un poêlon peu profond et ajouter juste assez de bouillon de poulet pour couvrir.

Étape 5 Émietter le poisson cuit, en prenant soin de retirer toutes les arêtes et la peau.

Notes du chef

Temps
Comptez environ 20 minutes de préparation et 6 minutes de cuisson.

Variante
Si désiré, remplacez le kiwi par des rondelles de concombre épluché.

Service
Accompagnez d'un riz ou de pommes de terre nouvelles à la vapeur, et d'une salade composée.

POUR 4 PERSONNES

TEMPURA AU POISSON

Ces beignets de la cuisine japonaise traditionnelle peuvent être servis
en amuse-gueule inusités.

12 grosses crevettes fraîches
2 filets de corégone, sans peau et coupés en grosses
   lanières
Blanchaille: éperlans ou goujons etc.
2 calmars, nettoyés et en lanières de 8 cm (3 po)
   de longueur
30 mL (2 c. à s.) de farine, pour saupoudrer
1 jaune d'œuf
125 mL (1/2 tasse) d'eau froide glacée
250 mL (1 tasse) de farine
Huile pour la friture
90 mL (6 c. à s.) de sauce soya
Jus et zeste râpé fin de 2 limettes
60 mL (4 c. à s.) de xérès

1. Décortiquer et déveiner les crevettes, en laissant les
queues intactes. Laver les poissons et les calmars et les
assécher. Les saupoudrer de farine.

2. Dans un bol, battre ensemble le jaune d'œuf et l'eau.
Tamiser la farine sur le mélange et bien l'incorporer à la
fourchette.

Étape 2 La pâte
sera de consis-
tance granuleuse,
comme si elle
n'était pas assez
mélangée.

3. Tremper chaque morceau de poisson dans la pâte, en
secouant pour retirer l'excédent.

4. Dans un wok ou une friteuse, faire chauffer l'huile à
180 °C (350 °F). Faire frire quelques morceaux à la fois, 2 à
3 minutes. Égoutter sur du papier absorbant.

5. Mélanger la sauce soya, le jus et le zeste de limette et le
xérès. Servir en dip avec le poisson cuit.

Étape 3 Ne pas
tremper trop de
morceaux à la fois
dans la pâte. Ne
préparer que ceux
que vous êtes prêt
à faire frire.

Étape 4 Faire frire
seulement 3 à
4 morceaux et une
sorte de poisson à
la fois.

Notes du chef

Temps
Comptez 30 minutes de
préparation et 2 à 3 minutes
de cuisson, selon le poisson
utilisé.

Conseil
Si la pâte s'écoule trop
rapidement, laissez tremper
chaque groupe de poisson
dans le bol de pâte, jusqu'à
ce que vous soyez prêt à les
plonger dans l'huile chaude.

Variante
Utilisez quelques légumes
ainsi que du poisson. Les
têtes de champignons sont
tout à fait délicieuses.

POUR 4 PERSONNES

CONCOMBRE FARCI AU SAUMON FUMÉ

Ce hors-d'œuvre exquis deviendra rapidement un favori.

1 gros concombre
Sel pour poudrer
125 g (1/4 lb) de saumon fumé
250 mL (1 tasse) de fromage cottage
10 mL (2 c. à t.) de ciboulette fraîche, hachée fin
125 mL (1/2 tasse) de yogourt nature
10 mL (2 c. à t.) d'aneth haché
30 mL (2 c. à s.) de crème épaisse
Quelques gouttes de jus de citron
Sel et poivre
1 laitue iceberg
Œufs de lump rouges, pour garnir

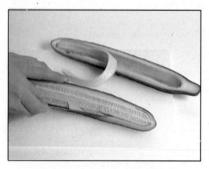

Étape 1 Fendre le concombre en deux dans le sens de la longueur et ôter les graines avec une petite cuiller ou un couteau.

1. Couper le concombre en 2 dans le sens de la longueur, et ôter les graines. Poudrer la surface de sel et laisser reposer 1 heure.

2. Dans un mélangeur, combiner le saumon fumé et le fromage, jusqu'à l'obtention d'une pâte homogène. Incorporer la ciboulette.

3. Mélanger ensemble le yogourt, l'aneth et la crème. Assaisonner et arroser de jus de citron au goût.

4. Rincer complètement le concombre et bien l'assécher. À l'aide d'une poche munie d'une douille lisse de 1 cm (1/2 po) de diamètre, remplir les demi-concombres évidés de farce au saumon. Reformer le concombre en pressant fermement les deux moitiés. L'envelopper bien serré dans une pellicule plastique. Réfrigérer au moins 1 heure.

5. Garnir des assiettes de service de feuilles de laitue. Développer le concombre et couper les 2 extrémités. Le trancher en rondelles de 5 mm (1/4 po) d'épaisseur et les disposer sur la laitue.

6. Napper les rondelles de sauce au yogourt. Décorer d'œufs de lump.

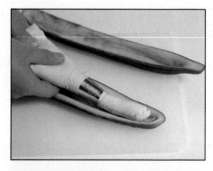

Étape 4 Remplir uniformément la cavité des demi-concombres de farce au saumon.

Étape 5 Avec un couteau tranchant, couper le concombre farci froid en rondelles de 5 mm (1/4 po) d'épaisseur.

Notes du chef

Temps
Comptez environ 15 minutes de préparation, mais allouez au moins 1 heure de réfrigération avant de servir.

Variante
Remplacez le concombre par des œufs durs évidés de leurs jaunes. Passez au tamis les jaunes et parsemez-les sur le plat au lieu des œufs de lump.

Service
Pour une assiette d'amuse-gueule, servez les rondelles de concombre farci, sans la sauce.

POUR 4 PERSONNES

PÂTÉ DE SAUMON

Cet élégant pâté se prépare très rapidement.

225 g (8 oz) de saumon rouge ou rose en conserve, égoutté
125 mL (1/2 tasse) de fromage cottage
Quelques gouttes de jus de citron
1 pincée de macis en poudre ou de muscade râpée
1 mL (1/4 c. à t.) de tabasco
Sel marin fraîchement moulu et poivre noir
30 mL (2 c. à s.) de fromage cottage ou yogourt nature
4 petits cornichons

1. Enlever toutes les arêtes et la peau du saumon. Le mettre dans un bol et le défaire en crème lisse avec le dos d'une cuiller.

2. Battre le fromage cottage jusqu'à ce qu'il soit onctueux.

3. Ajouter le saumon, le jus de citron, les assaisonnements et le fromage. Bien mélanger pour incorporer complètement.

4. Diviser également le mélange entre 4 ramequins. Égaliser la surface avec la lame d'un couteau et réfrigérer 2 heures.

5. En laissant la base intacte, couper chaque cornichon 4 à 5 fois dans le sens de la longueur et les ouvrir en éventail. Les utiliser pour décorer le dessus des pâtés.

Étape 1 Placer le saumon dans un petit bol et, avec le dos d'une cuiller, le défaire en crème onctueuse.

Étape 5 Sans couper la base, trancher chaque cornichon 4 à 5 fois dans le sens de la longueur. Les ouvrir délicatement pour former un éventail. Les utiliser pour décorer le dessus des pâtés.

Notes du chef

Temps
Comptez environ 15 minutes de préparation.

Préparation
Si désiré, utilisez un robot culinaire ou un mélangeur pour incorporer le saumon et le fromage.

Variante
Remplacez le saumon par du thon en conserve.

Service
Accompagnez de pain grillé ou de petits pains de blé entier.

POUR 4 PERSONNES

PÉTONCLES À LA SAUCE AU SAFRAN

Le safran est probablement la plus coûteuse de toutes les épices,
mais rassurez-vous – seulement quelques filaments sont requis
dans n'importe quelle recette.

16 gros pétoncles avec le corail attaché
125 mL (1/2 tasse) d'eau
125 mL (1/2 tasse) de vin blanc sec
1 échalote sèche, épluchée et grossièrement hachée
1 bouquet garni, composé de 1 feuille de laurier, 1 branche
    de thym frais et 3 tiges de persil
6 grains de poivre noir
Quelques filaments de safran
60 mL (4 c. à s.) d'eau chaude
300 mL (1 1/4 tasse) de crème épaisse
45 mL (3 c. à s.) de persil haché
Sel et poivre

1. Mettre les pétoncles dans un cocotte avec l'eau, le vin, l'échalote, le bouquet garni et les grains de poivre.

2. Couvrir et porter presque au point d'ébullition. Retirer du feu et laisser pocher les pétoncles 3 à 4 minutes dans le liquide chaud.

3. Les pétoncles sont cuits lorsqu'ils sont fermes au toucher. Les égoutter du liquide et les garder chauds dans une assiette propre.

4. Filtrer le liquide de cuisson dans une petite casserole et porter à ébullition. Le laisser bouillir rapidement pour qu'il réduise environ de moitié.

5. Faire tremper le safran environ 5 minutes dans l'eau chaude, ou jusqu'à ce que sa couleur ait infusé dans l'eau.

6. Dans la réduction de cuisson, incorporer le safran et son eau, la crème et le persil. Assaisonner au goût. Faire cuire 6 à 7 minutes, à feu moyen.

7. Disposer les pétoncles dans une assiette de service et les napper de sauce avant de servir.

Étape 3 Lorsque les pétoncles sont cuits, les égoutter du liquide et les garder chauds, dans une assiette.

Étape 1 Placer les pétoncles dans une cocotte et ajouter l'eau, le vin, l'échalote, le bouquet garni et les grains de poivre.

Étape 5 Faire tremper le safran environ 5 minutes dans l'eau chaude, ou jusqu'à ce qu'il teinte bien l'eau.

Notes du chef

Temps
Comptez environ 15 minutes de préparation et 10 minutes de cuisson.

Préparation
Si vous n'utilisez pas les fruits de mer le jour de l'achat, enveloppez-les dans un papier journal et placez-les au bas du réfrigérateur jusqu'au lendemain. Ne les gardez pas plus longtemps.

Service
Servez en hors-d'œuvre, accompagné de pain brun beurré, ou en repas léger, avec un riz ou une pâte.

POUR 4 PERSONNES

MELON AUX CREVETTES

Délicieusement froid et rafraîchissant pour un goûter estival.

2 petits melons
4 tomates moyennes
1 petit concombre
1 orange
Jus de 1/2 citron
60 mL (4 c. à s.) d'huile végétale
45 mL (3 c. à s.) de crème épaisse
30 mL (2 c. à s.) de menthe fraîche hachée,
    réserver 4 branches pour garnir
1 pincée de sucre
Sel et poivre
5 mL (1 c. à t.) de thym haché (facultatif)
225 g (1/2 lb) de crevettes cuites, décortiquées
175 mL (3/4 tasse) d'amandes émincées

Étape 2 Couper les fruits et les légumes en bouchées pour qu'ils se dégustent plus facilement.

Étape 3 Dans un grand bol, bien mélanger la sauce et le reste des ingrédients pour les enrober uniformément.

Étape 1 Laisser environ 5 mm (1/4 po) de pulpe sur les parois des demi-melons pour qu'ils soient assez rigides pour supporter la salade.

1. Couper les melons en 2, retirer les graines et évider la pulpe avec une cuiller parisienne ou une cuiller. Laisser environ 5 mm (1/4 po) de pulpe à l'intérieur de chaque cavité.

2. Laisser la pulpe en boules ou la couper en cubes. Éplucher et épépiner les tomates. Couper la pulpe en lanières. Éplucher le concombre, le fendre en 2 dans le sens de la longueur et le détailler en cubes de 1 cm (1/2 po). Peler et défaire l'orange en quartiers.

3. Dans un grand bol, mélanger le jus de citron, l'huile et la crème. Incorporer la menthe hachée, le sucre, le sel, le poivre et le thym. Ajouter les crevettes, les fruits et les légumes. Bien mélanger pour les enrober uniformément de sauce.

4. Remplir les demi-melons de la salade de crevettes, et réfrigérer au moins 2 heures.

5. Garnir de menthe et parsemer d'amandes avant de servir.

Notes du chef

Temps
Comptez environ 25 minutes de cuisson. Rafraîchir au moins 2 heures avant de servir.

Préparation
Si les demi-melons ne tiennent pas bien droit, découpez une fine tranche en dessous pour assurer leur stabilité.

Service
Accompagnez d'une salade composée et de pommes de terre nouvelles.

POUR 2 À 4 PERSONNES

CREVETTES AUX POIS GOURMANDS

Fréquemment surnommés «mange-tout», les pois gourmands sont tendres et d'un vert brillant. Il faut consommer en même temps les cosses et les graines.

45 mL (3 c. à s.) d'huile
125 mL (1/2 tasse) d'amandes blanchies, en moitiés
125 g (4 oz) de pois gourmands
10 mL (2 c. à t.) de fécule de maïs
10 mL (2 c. à t.) de sauce soya légère
175 mL (3/4 tasse) de bouillon de poulet
30 mL (2 c. à s.) de xérès
Sel et poivre
450 g (1 lb) de crevettes cuites, décortiquées et déveinées
125 mL (1/2 tasse) de pousses de bambou, émincées

3. Jeter l'huile du wok. Mélanger la fécule de maïs et le reste des ingrédients, sauf les crevettes et les pousses de bambou. Verser le mélange dans le wok et porter à ébullition, en remuant constamment. Puis laisser mijoter 1 à 2 minutes, jusqu'à épaississement. Incorporer les crevettes et les pousses de bambou. Faire cuire 2 minutes, à feu doux. Servir aussitôt.

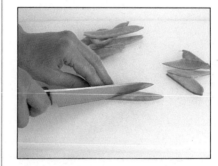

Étape 2 Si les pois gourmands sont gros, les couper diagonalement en 2.

Étape 2 Tirer les tiges vers le bas pour enlever les fils des pois gourmands.

1. Faire chauffer l'huile dans un wok. Ajouter les amandes et faire dorer, à feu moyen. Les égoutter sur du papier absorbant.

2. Pour préparer les pois gourmands, les équeuter et retirer les fils. Si les pois sont très petits, ne retirer que les tiges. Faire cuire les pois environ 1 minute, dans l'huile chaude. Les retirer et les joindre aux amandes.

Étape 3 Faire cuire tous les ingrédients dans le wok, en remuant à la spatule.

Notes du chef

Temps
Comptez environ 10 minutes de préparation et 6 à 8 minutes de cuisson.

Variante
Utilisez des oignons verts, du céleri ou des châtaignes d'eau. Faites-les cuire avec les pois gourmands.

À surveiller
Ne faites pas cuire les crevettes trop longtemps ou à feu vif, car elles durciront rapidement.

Chapitre II

Salades

POUR 4 À 6 PERSONNES

SALADE CÉSAR

Los Angeles et Tijuana s'attribuent toutes deux le mérite de cette salade,
dont il est dit qu'elle fut préparée un soir avec les seuls ingrédients
qui restaient en cuisine.

6 filets d'anchois, trempés dans 60 mL (4c. à s.) de lait
3 gousses d'ail entières, épluchées
250 mL (1 tasse) d'huile d'olive
4 tranches de pain français, en cubes de 1 cm (1/2 po)
1 œuf, cuit 1 minute
Jus de 1 petit citron
Sel et poivre
1 laitue romaine
60 mL (4 c. à s.) de parmesan râpé

3. Casser l'œuf cuit dans un bol et bien le battre avec le jus de citron, le sel et le poivre. Remuer la laitue avec le reste de l'huile et les anchois. Incorporer le mélange d'œuf pour bien enrober. Placer la salade dans un bol de service. Parsemer de croûtons et de parmesan. Servir à la température ambiante.

Étape 2 Faire griller les croûtons de pain dans l'huile chaude, en les remuant constamment pour les dorer uniformément.

Étape 3 Pour préparer la sauce, casser l'œuf dans un bol et bien le fouetter, jusqu'à épaississement, avec le jus de citron, le sel et le poivre.

Étape 3 Combiner séparément la laitue avec l'huile et les anchois. Puis incorporer la sauce.

1. Laisser tremper les anchois dans le lait pendant 15 minutes. Les rincer et les éponger avec un papier absorbant. Hacher grossièrement.

2. Écraser l'ail et l'ajouter à l'huile. Laisser reposer 30 minutes. Réserver 90 mL (6 c. à s.) d'huile et faire chauffer le restant dans un poêlon. Faire griller les cubes de pain en remuant constamment à la spatule pour les dorer uniformément. Les égoutter sur du papier absorbant.

Notes du chef

Temps
Comptez environ 30 minutes de préparation et 3 à 5 minutes de cuisson pour les croûtons.

Conseil
Avant de les utiliser, laissez tremper les anchois dans le lait pour les dessaler.

À surveiller
Dès qu'ils sont dorés, retirez immédiatement les croûtons de l'huile chaude. Ils continueront de cuire légèrement pendant qu'ils égouttent.

POUR 4 À 6 PERSONNES

SALADE DE CREVETTES AUX ŒUFS

Servez cette salade en hors-d'œuvre ou en plat principal.
N'hésitez-pas à substituer les ingrédients au goût.

4 œufs
1/2 botte d'oignons verts, hachés
1/2 poivron rouge, haché
1/2 poivron vert, haché
125 g (1/4 lb) de crevettes, cuites et décortiquées
1 petit bocal de cœurs d'artichauts, égouttés et en quartiers

Vinaigrette

90 mL (6 c. à s.) d'huile
30 mL (2 c. à s.) de vinaigre de vin blanc
1 gousse d'ail, épluchée, écrasée et hachée
5 mL (1 c. à t.) de moutarde en poudre
5 à 10 mL (1 à 2 c. à t.) de piments rouges séchés broyés
     ou 1 petit piment rouge frais, épépiné et haché fin
Sel

1. Percer le bout élargi de l'œuf avec un perce-œuf ou une aiguille.

2. Déposer doucement chaque œuf dans l'eau bouillante salée. Reporter à ébullition, en faisant rouler les œufs dans l'eau avec le dos d'une cuiller.

3. Dès que l'eau recommence à bouillir, compter 9 minutes de cuisson. Égoutter et laisser refroidir les œufs dans l'eau froide. Les écaler et les couper en quartiers. Dans un grand bol, combiner les œufs avec le reste des ingrédients.

4. Mélanger, au fouet, les ingrédients de la vinaigrette pour obtenir une sauce épaisse.

5. Verser la vinaigrette sur les œufs et remuer délicatement pour ne pas briser les œufs.

6. Si désiré, dresser sur de la laitue ciselée.

Étape 2 Déposer délicatement chaque œuf dans l'eau bouillante et le rouler avec le dos d'une cuiller.

Étape 4 Bien fouetter les ingrédients de la vinaigrette pour obtenir une sauce épaisse.

Notes du chef

Temps
Comptez environ 25 minutes de préparation et 9 minutes de cuisson pour les œufs.

Préparation
Si vous faites cuire les œufs à l'avance, laissez-les tremper dans l'eau froide dans leur coquille. Cela empêchera un cercle noir de se former autour du jaune.

Conseil
Faire rouler les œufs dans l'eau chaude aide le jaune à se fixer au centre du blanc, ce qui est beaucoup plus attrayant lorsque les œufs sont coupés en rondelles ou en quartiers.

POUR 4 À 6 PERSONNES

SALADE DE FRUITS DE MER ESTIVALE

Bien qu'impressionnante, cette salade se prépare très facilement.

450 g (1 lb) de crevettes cuites, décortiquées
450 g (1 lb) de raisins verts, sans pépins
6 branches de céleri, émincées en diagonale
250 mL (1 tasse) d'amandes émincées, grillées
250 mL (1 tasse) de châtaignes d'eau, en conserve,
     égouttées et émincées
250 mL (1 tasse) de litchis en conserve
     ou 350 g (3/4 lb) de litchis frais, décortiqués
1 petit ananas
Feuilles de chou chinois ou endive
375 mL (1 1/2 tasse) de mayonnaise
15 mL (1 c. à s.) de miel
15 mL (1 c. à s.) de sauce soya légère
30 mL (2 c. à s.) de cari
Jus de 1/2 limette

1. Dans un grand bol, combiner les crevettes avec les raisins, le céleri, les amandes, les châtaignes d'eau et les litchis. Éliminer la tête et la base de l'ananas, le couper en 4 et ôter le centre dur.

2. Séparer l'écorce de la pulpe et détailler la pulpe en petits cubes. Les ajouter aux crevettes et remuer pour mélanger.

3. Laver les feuilles de chou ou d'endive. Pour le chou chinois, émincer les feuilles. Tapisser les assiettes de service de chou émincé ou d'endive. Bien incorporer le reste des ingrédients. Dresser la salade de crevettes sur les feuilles et napper légèrement de sauce. Servir séparément le reste de la sauce.

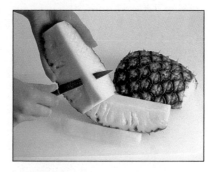

Étape 1 Éliminer la tête et la base de l'ananas, le couper en 4 et ôter le centre dur.

Étape 2 Utiliser un couteau à fruits denté pour séparer la pulpe de l'écorce.

Étape 2 Ajouter les cubes d'ananas aux crevettes et bien remuer.

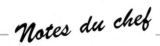
Notes du chef

Temps
Comptez environ 30 minutes de préparation.

Service
Servez en plat principal pour le lunch ou en dîner léger. Servez en plus petites quantités pour un hors-d'œuvre.

Variante
Remplacez les crevettes par d'autres fruits de mer. Utilisez du crabe, du homard ou des moules.

POUR 4 À 6 PERSONNES

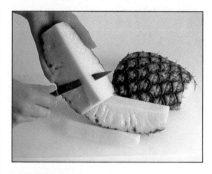

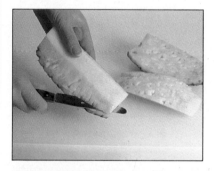

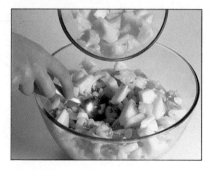

POUR 4 PERSONNES

CREVETTES RÉMOULADE

Dans cette recette, les crevettes sont «cuites» au réfrigérateur,
dans une marinade piquante à la moutarde, au raifort et au vinaigre de vin.

45 mL (3 c. à s.) de moutarde douce
10 mL (2 c. à t.) de raifort
15 mL (1 c. à s.) de paprika
1 petit piment frais, épépiné et haché fin
1 gousse d'ail, épluchée, écrasée et hachée
Sel
125 mL (1/2 tasse) de vinaigre de vin blanc
375 mL (1 1/2 tasse) d'huile
6 oignons verts, émincés
2 branches de céleri, émincées
2 feuilles de laurier
30 mL (2 c. à s.) de persil haché
700 g (1 1/2 lb) de grosses crevettes fraîches
Laitue et quartiers de citron

1. Dans un bol profond, combiner la moutarde avec le raifort, le paprika, le piment, l'ail et le sel. Ajouter le vinaigre.

2. Incorporer l'huile, en un mince filet, tout en mélangeant sans cesse au fouet. Continuer de fouetter jusqu'à ce que la sauce soit onctueuse et épaisse. Ajouter les oignons verts, le céleri, le laurier et le persil. Couvrir hermétiquement et réfrigérer 2 heures.

3. Décortiquer et déveiner les crevettes en laissant, si désiré, le bout des queues.

4. Placer les crevettes dans la sauce froide et les remuer pour bien les enrober. Recouvrir hermétiquement et réfrigérer 3 heures.

5. Pour servir, ciseler la laitue et l'étaler dans des assiettes de service. Dresser les crevettes par-dessus et les napper de sauce rémoulade, en ayant retiré le laurier au préalable. Accompagner de quartiers de citron.

Étape 1 Combiner les ingrédients de la marinade dans un bol et ajouter le vinaigre.

Étape 2 À l'aide d'un petit fouet, incorporer l'huile graduellement, jusqu'à ce que la sauce soit onctueuse et épaisse.

Étape 4 Placer les crevettes dans la sauce froide et remuer pour bien enrober.

Notes du chef

Temps
Comptez environ 25 minutes de préparation plus le refroidissement de la marinade et des crevettes.

Conseil
Après 3 heures de macération, les crevettes seront opaques et légèrement fermes. Toutefois, elles sont encore crues. C'est pourquoi il faut exiger des crevettes très fraîches.

Variante
Remplacez les crevettes par des pétoncles en quartiers ou tranchés, des moules, des palourdes ou du corégone coupé en lanières.

POUR 4 PERSONNES

SALADE LOUIS

Cette sauce rosée, à la fois crémeuse et piquante, est parfaite
pour la chair de crabe.

2 gros crabes cuits
1 laitue iceberg
4 grosses tomates
4 œufs durs
250 mL (1 tasse) de mayonnaise
60 mL (4 c. à s.) de crème épaisse
60 mL (4 c. à s.) de sauce chili ou chutney aux tomates
1/2 poivron vert, épépiné et en petits dés
3 oignons verts, hachés fin
Sel et poivre
16 olives noires

5. Combiner la mayonnaise avec la crème, la sauce chili, le poivron vert et les oignons verts. Saler, poivrer.

6. Étaler la laitue dans des assiettes de service et partager le crabe entre chacune.

7. Napper un peu de sauce sur chaque salade de crabe et parsemer d'œuf haché. Garnir de tomates et d'olives. Accompagner du reste de la sauce.

1. Détacher les pinces des crabes et les mettre de côté. Retourner les crabes et séparer le corps de la carapace.

2. Couper le plastron en quartiers et en extraire la chair blanche avec une brochette. Jeter la poche abdominale. Si désiré, gratter la chair brune de la carapace.

3. Casser les grosses pinces et les pattes et en extraire la chair. L'émietter en jetant le cartilage ou les écailles qui pourraient s'y trouver. Combiner toute la chair ensemble et la mettre de côté.

4. Ciseler la laitue, couper les tomates en quartiers et hacher les œufs.

Étape 1 Retourner le crabe et appuyer vers le haut avec les pouces pour séparer le corps de la carapace.

Notes du chef

Temps
Comptez environ 30 à 40 minutes de préparation.

Préparation
Pour ciseler la laitue, effeuillez-la, tenez quelques feuilles ensemble et, à l'aide d'un gros couteau, émincez finement les feuilles.

Variante
Remplacez le crabe frais par du crabe surgelé. Assurez-vous qu'il soit complètement décongelé et bien égoutté avant l'utilisation. Retirez toute trace d'écaille ou de cartilage.

POUR 4 PERSONNES

ROUGET À LA NIÇOISE

Le rouget se trouve facilement et son attrayante apparence
se prête bien à ce plat coloré.

30 mL (2 c. à s.) de vinaigre de vin
125 mL (1/2 tasse) d'huile d'olive
1 mL (1/4 c. à t.) de moutarde forte
1 poignée d'aromates variés, hachés
1 échalote sèche, épluchée et hachée fin
3 gousses d'ail, épluchées, écrasées et hachées
Sel et poivre
125 g (1/4 lb) de têtes de champignons, en quartiers
4 rouges, écaillés et nettoyés
Farine assaisonnée
Jus de citron
450 g (1 lb) de tomates, coupées en quartiers
1 poivron vert, épépiné et émincé
50 mL (1/4 tasse) d'olives noires dénoyautées, en moitiés
2 œufs durs, en quartiers
1 petite boîte de conserve de filets d'anchois

Étape 2 Placer les champignons dans un bol avec la vinaigrette et remuer pour les enrober uniformément.

Étape 3 Avant la cuisson, passer les rougets dans la farine pour qu'ils soient légèrement enfarinés.

1. Dans un bocal, mettre le vinaigre, 90 mL (6 c. à s.) d'huile, la moutarde, les aromates, l'échalote, l'ail, le sel et le poivre. Visser le couvercle et secouer pour bien incorporer.

2. Placer les champignons dans un bol et les arroser de vinaigrette. Remuer pour les enrober uniformément et réfrigérer 1 heure.

3. Passer les rougets dans la farine pour les enrober légèrement. Faire chauffer le reste de l'huile dans un grand poêlon. Faire cuire les rougets 2 à 3 minutes de chaque côté, en prenant soin de ne pas les briser. Arroser de jus de citron. Saler, poivrer et laisser refroidir.

4. Au moment de servir, ajouter les tomates, le poivron, les olives et les œufs aux champignons. Remuer délicatement pour enrober les aliments de vinaigrette.

5. Dresser la salade dans un plat de service et y disposer le poisson. Décorer de filets d'anchois bien égouttés.

Notes du chef

Temps
Comptez environ 15 minutes de préparation et 15 minutes de cuisson.

Conseil
Préparez une plus grande quantité de vinaigrette, car elle est délicieuse avec d'autres salades. Elle se conservera, dans son bocal fermé, jusqu'à 2 semaines au réfrigérateur.

Service
Accompagnez de pain chaud ou de pain croûté.

POUR 4 PERSONNES

SALADE DE SOLE AU RIZ

Cette salade, qui est un mets complet en soi, est idéale
pour un dîner estival.

2 grosses soles, chacune filetée en 4 morceaux
4 à 6 grains de poivre
Rondelle d'oignon
15 mL (1 c. à s.) de jus de citron
175 mL (3/4 tasse) de riz à longs grains
1 petite aubergine
30 mL (2 c. à s.) d'huile d'olive
1 échalote sèche, épluchée, hachée fin
1 poivron rouge, épépiné, en petits dés
1 poivron vert, épépiné, en petits dés
15 mL (1 c. à s.) d'aromates variés, hachés
45 mL (3 c. à s.) de vinaigrette
250 mL (1 tasse) de mayonnaise
1 gousse d'ail, épluchée, écrasée et hachée
5 mL (1 c. à t.) de pâte de tomates
5 mL (1 c. à t.) de paprika
Sel et poivre
2 bottes de cresson, pour garnir

Étape 1 Laisser refroidir le poisson cuit et le détailler en tronçons de 2,5 cm (1 po).

Étape 4 Incorporer l'aubergine au mélange au riz.

1. Étendre les filets de sole dans un plat allant au four. Ajouter les grains de poivre, l'oignon, le jus de citron et juste assez d'eau pour couvrir. Saupoudrer légèrement de sel. Couvrir avec un couvercle ou un papier d'aluminium. Faire pocher 6 à 8 minutes, dans un four préchauffé à 180 °C (350 °F). Laisser refroidir le poisson dans son liquide, puis couper chaque filet en tronçons de 2,5 cm (1 po).

2. Faire cuire le riz dans l'eau bouillante salée. Le rincer à l'eau froide et l'égrener à la fourchette.

3. Couper l'aubergine en 2 et la saupoudrer de 10 mL (2 c. à t.) de sel. Laisser reposer 1/2 heure, puis la rincer complètement. L'éponger avec un papier absorbant et la détailler en petits cubes.

4. Faire chauffer l'huile dans un grand poêlon. Faire cuire l'aubergine jusqu'à ce qu'elle soit tendre. La laisser refroidir, puis l'incorporer au riz avec l'échalote, les poivrons, la moitié des aromates et la vinaigrette.

5. Combiner la mayonnaise avec l'ail, la pâte de tomates, le paprika, le reste des aromates, le sel et le poivre.

6. Disposer le riz sur un côté du plat de service et les tronçons de sole sur l'autre côté. Napper le poisson de mayonnaise. Garnir de cresson.

Notes du chef

Temps
Comptez environ 20 minutes de préparation et 15 à 20 minutes de cuisson.

Conseil
Habituellement le riz cuit pèse le double de son poids sec.

Congélation
Vous pouvez cuire et congeler le riz en portions requises. Pour l'utiliser, le placer directement dans l'eau bouillante et le laisser cuire 3 à 4 minutes, puis le rincer à l'eau froide.

POUR 4 PERSONNES

Morue fraîche en marinade

Il ne s'agit pas de poisson cru, car il «cuit» dans une marinade épicée
et le résultat est absolument délicieux.

450 g (1 lb) de filets de morue
Jus et zeste râpé de 2 limettes
1 échalote sèche, épluchée et hachée
1 petit piment vert, épépiné et haché fin
5 mL (1 c. à t.) de coriandre moulue
1 petit poivron vert, épépiné et émincé
1 petit poivron rouge, épépiné et émincé
15 mL (1 c. à s.) de persil haché
15 mL (1 c. à s.) de feuilles de coriandre, hachées
4 oignons verts, hachés
30 mL (2 c. à s.) d'huile d'olive
Sel et poivre
1 petite laitue

Étape 2 Ajouter au poisson le jus et le zeste de citron, l'échalote, le piment et la coriandre. Remuer pour l'enduire uniformément.

Étape 4 Mélanger les poivrons, les aromates, les oignons verts et l'huile avec le poisson mariné égoutté.

Étape 1 Couper les filets de morue, en travers du grain, en fines lanières

1. Enlever la peau des filets et les couper en fines lanières, en travers du grain.

2. Placer les lanières de poisson dans un bol et les arroser du jus et du zeste de limette. Ajouter l'échalote, le piment et la coriandre moulue. Bien remuer pour enrober le poisson.

3. Couvrir le bol et réfrigérer 24 heures, en remuant de temps à autre.

4. Pour servir, égoutter le poisson et le mettre dans un bol. Ajouter les poivrons, le persil, les feuilles de coriandre, les oignons verts et l'huile. Saler, poivrer. Mélanger et servir sur des feuilles de laitue.

Notes du chef

Temps
Comptez environ 20 minutes de préparation et 24 heures de réfrigération.

Variante
Remplacez la morue par de l'aiglefin ou des filets de baudroie.

Service
Accompagnez de baguette française ou de croustilles (tortilla).

POUR 4 PERSONNES

BATEAU D'ANANAS AUX CREVETTES, AUX CAJOUS ET À L'ESTRAGON

Cette salade de fruits de mer est idéale pour un dîner estival ou un buffet.

2 petits ananas frais, avec de belles feuilles vertes
225 g (1/2 lb) de crevettes cuites, décortiquées
250 mL (1 tasse) de noix de cajou grillées, sans sel
2 branches de céleri, émincées
60 mL (4 c. à s.) de jus de citron
1 œuf
30 mL (2 c. à s.) de sucre à fruits
15 mL (1 c. à s.) de vinaigre d'estragon
10 mL (2 c. à t.) d'estragon haché
125 mL (1/2 tasse) de crème épaisse

1. Couper les ananas en deux dans le sens de la longueur, en laissant les feuilles vertes attachées.

2. Évider délicatement chaque moitié, en laissant 5 mm (1/4 po) de pulpe au fond. Ôtez le centre dur de la pulpe, puis la détailler en bouchées.

3. Mettre les bouchées d'ananas dans un bol avec les crevettes, les noix de cajou et le céleri. Y verser le jus de citron et bien remuer. Partager la salade entre les demi-ananas et les rafraîchir au réfrigérateur.

4. Dans un bol allant au feu, fouetter l'œuf et le sucre. Placer le bol sur une casserole d'eau mijotante, et y incorporer, en fouettant, le vinaigre et l'estragon. Continuer de fouetter jusqu'à ce que le mélange épaississe.

5. Retirer le bol du feu. Laisser refroidir complètement, en mélangeant au fouet de temps à autre.

6. Lorsque la sauce est complètement froide, battre la crème jusqu'à ce qu'elle commence à épaissir, puis la plier dans la sauce.

7. Verser la sauce sur la salade de crevettes. Servir.

Étape 1 Couper les ananas en deux dans le sens de la longueur, en s'assurant que les feuilles vertes soient intactes.

Étape 4 Dans un bol placé sur une casserole d'eau mijotante, fouetter le mélange œuf et sucre avec le vinaigre et l'estragon, jusqu'à ce que la préparation soit pâle et épaisse.

Étape 6 Plier la crème légèrement fouettée dans la sauce à l'estragon avant de la verser sur la salade.

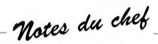

Notes du chef

Temps
Comptez environ 30 minutes de préparation et 10 à 15 minutes de cuisson.

Préparation
Vous pouvez utiliser un mélangeur électrique pour fouetter la sauce à l'estragon. Dans ce cas, ne placez pas le bol sur la casserole d'eau.

Conseil
Si vous ne trouvez pas de noix de cajou sans sel, lavez les noix salées dans l'eau, mais assurez-vous qu'elles soient complètement sèches avant de les utiliser.

POUR 4 PERSONNES

CRABE AU VINAIGRE

Une façon inusitée de servir le crabe. Vous trouverez le vinaigre de riz
dans un magasin d'alimentation spécialisée ou d'aliments naturels.
À défaut, utilisez du vinaigre de vin blanc.

1 petit concombre, râpé
Sel
1 gros crabe cuit
1 petit morceau de gingembre frais, râpé
Chou chinois, pour servir
45 mL (3 c. à s.) de vinaigre de riz
30 mL (2 c. à s.) de xérès
30 mL (2 c. à s.) de sauce soya

1. Saupoudrer le concombre de sel et laisser reposer 30 minutes.

2. Détacher les pattes et les pinces du crabe. Extraire la chair, mais laisser 4 petites pattes intactes pour la garniture.

3. Séparer le plastron de la carapace. Jeter la poche abdominale et les ouïes.

4. Gratter la chair brune de la carapace. Briser le plastron et en extraire la chair avec une brochette.

5. Rincer le concombre, bien l'égoutter et l'assécher avec un papier absorbant. Mélanger le concombre, la chair de crabe et le gingembre.

6. Placer une grande feuille de chou chinois dans chaque assiette de service. Dresser une quantité égale de salade de crabe sur chaque feuille. Garnir d'une patte de crabe et, si possible, de gingembre confit râpé.

7. Combiner le vinaigre avec le xérès et la sauce soya. Verser dans des petits bols et servir avec le crabe.

Étape 2 Extraire la chair des pinces et des pattes.

Étape 4 Ouvrir le plastron et extraire la chair avec une brochette.

Notes du chef

Temps
Comptez environ 30 minutes de préparation.

Conseil
Lorsque vous achetez un crabe, choisissez-en un qui est lourd pour sa grosseur. Lorsque vous le secouez, aucune eau ne devrait sortir de l'intérieur.

Service
Un riz ou une pâte serait un excellent plat d'accompagnement.

POUR 6 PERSONNES

SALADE DE HOMARD AU CHOU-FLEUR

Cette salade possède une touche d'élégance qui donne
un petit air sophistiqué à un repas chic.

1 gros chou-fleur, nettoyé
125 mL (1/2 tasse) d'huile végétale
45 mL (3 c. à s.) de jus de citron
15 mL (1 c. à s.) de moutarde en poudre
Sel et poivre
2 gros homards cuits
250 mL (1 tasse) de mayonnaise
10 mL (2 c. à t.) de moutarde forte
4 œufs durs, grossièrement hachés
16 olives noires, dénoyautées et en moitiés
2 bottes de cresson, lavées
Œufs de lump rouges

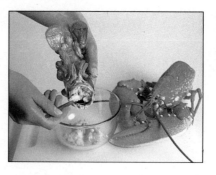

Étape 2 Briser le homard et extraire toute la chair des pinces et de la carapace.

Étape 1 Verser la vinaigrette sur les bouquets de chou-fleur et remuer pour les enrober. Réfrigérer au moins 2 heures.

1. Défaire le chou-fleur en bouquets. Mélanger l'huile, le jus de citron, la moutarde en poudre, le sel et le poivre. Verser sur les bouquets et remuer pour bien les enrober. Réfrigérer au moins 2 heures.

2. Casser les homards et extraire toute la chair des pinces et des carapaces. Mettre la chair dans un bol et y incorporer la mayonnaise et la moutarde forte.

3. Ajouter les œufs et les olives au mélange de chou-fleur et remuer délicatement pour ne pas briser les œufs.

4. Nettoyer le cresson. Tapisser une assiette de service de cresson et y disposer la salade au chou-fleur. Dresser le mélange de homard par-dessus. Couronner d'œufs de lump. Servir aussitôt.

Notes du chef

Temps
Comptez environ 30 minutes de préparation.

Variante
Remplacez le homard par du crabe frais. Le plat sera tout aussi délicieux.

Service
Accompagnez de petites pommes de terre nouvelles et d'un vin blanc bien froid.

POUR 6 PERSONNES

SALADE DE HOMARD AU CHOU-FLEUR

Cette salade possède une touche d'élégance qui donne
un petit air sophistiqué à un repas chic.

1 gros chou-fleur, nettoyé
125 mL (1/2 tasse) d'huile végétale
45 mL (3 c. à s.) de jus de citron
15 mL (1 c. à s.) de moutarde en poudre
Sel et poivre
2 gros homards cuits
250 mL (1 tasse) de mayonnaise
10 mL (2 c. à t.) de moutarde forte
4 œufs durs, grossièrement hachés
16 olives noires, dénoyautées et en moitiés
2 bottes de cresson, lavées
Œufs de lump rouges

Étape 2 Briser le homard et extraire toute la chair des pinces et de la carapace.

1. Défaire le chou-fleur en bouquets. Mélanger l'huile, le jus de citron, la moutarde en poudre, le sel et le poivre. Verser sur les bouquets et remuer pour bien les enrober. Réfrigérer au moins 2 heures.

2. Casser les homards et extraire toute la chair des pinces et des carapaces. Mettre la chair dans un bol et y incorporer la mayonnaise et la moutarde forte.

3. Ajouter les œufs et les olives au mélange de chou-fleur et remuer délicatement pour ne pas briser les œufs.

4. Nettoyer le cresson. Tapisser une assiette de service de cresson et y disposer la salade au chou-fleur. Dresser le mélange de homard par-dessus. Couronner d'œufs de lump. Servir aussitôt.

Étape 1 Verser la vinaigrette sur les bouquets de chou-fleur et remuer pour les enrober. Réfrigérer au moins 2 heures.

Notes du chef

Temps
Comptez environ 30 minutes de préparation.

Variante
Remplacez le homard par du crabe frais. Le plat sera tout aussi délicieux.

Service
Accompagnez de petites pommes de terre nouvelles et d'un vin blanc bien froid.

Chapitre III

CUISINE
DE
TOUS LES JOURS

POUR 2 PERSONNES

CREVETTES BARBECUE

C'est plutôt sa sauce que sa méthode de cuisson qui donne à ce plat son nom.
C'est épicé, piquant et pimenté.

450 g (1 lb) de grosses crevettes, cuites
125 mL (1/2 tasse) de beurre non salé
5 mL (1 c. à t.) de chacun des poivres suivants:
    blanc, noir et poivre de Cayenne
1 pincée de sel
5 mL (1 c. à t.) de chacun des aromates suivants, frais et
    haché: thym, romarin et marjolaine
1 gousse d'ail, épluchée, écrasée et hachée
5 mL (1 c. à t.) de sauce Worcestershire
125 mL (1/2 tasse) de fumet de poisson
50 mL (1/4 tasse) de vin blanc sec
Riz cuit

3. Incorporer la sauce Worcestershire, le fumet et le vin aux ingrédients de la casserole. Porter à ébullition et laisser réduire 3 minutes. Saler au goût.

4. Disposer sur un riz blanc. Arroser de sauce et servir.

Étape 2 Faire chauffer le beurre et ajouter les épices, les aromates et les crevettes, et les faire cuire rapidement.

Étape 1 Enlever les pattes et les yeux des crevettes et, si désiré, laisser les «antennes».

1. Enlever les yeux et les pattes des crevettes.

2. Faire fondre le beurre dans une grande casserole et y mettre les poivres, le sel, les aromates et l'ail. Ajouter les crevettes et remuer quelques minutes, à feu moyen. Retirer les crevettes et les mettre de côté.

Étape 3 Incorporer la sauce Worcestershire, le vin et le fumet aux ingrédients de la casserole et porter à ébullition rapidement.

Notes du chef

Temps
Comptez environ 15 minutes de préparation et 5 minutes de cuisson.

Préparation
Parce que les crevettes sont déjà cuites, faites-les sauter rapidement juste pour les réchauffer. Si possible, utilisez des crevettes fraîches et faites-les cuire jusqu'à ce qu'elles deviennent roses et que leur queue se recroqueville.

Service
Vous pouvez servir les crevettes froides. Remplacez alors le beurre par 90 mL (6 c. à s.) d'huile.

POUR 6 PERSONNES

RAGOÛT DE FRUITS DE MER

Une délicieuse façon d'apprêter une grande variété
de poissons et de fruits de mer.

24 palourdes ou moules
3 tomates moyennes, épluchées, épépinées et hachées
1/2 poivron vert, épépiné et haché
1 petit oignon, haché
1 gousse d'ail, épluchée, écrasée et hachée
125 mL (1/2 tasse) d'huile d'olive
3 calmars
900 g (2 lb) de filets de corégone, en tronçons de 5 cm (2 po)
250 mL (1 tasse) de vin blanc sec
Sel et poivre
6 tranches de pain français
45 mL (3 c. à s.) de persil haché

1. Bien brosser les palourdes ou les moules et les débarrasser des byssus. Jeter les coquilles abîmées. Placer les palourdes ou les moules dans une grande casserole ou dans un plat allant au four. Parsemer de la moitié des légumes et de l'ail. Arroser de la moitié de l'huile.

2. Pour nettoyer les calmars, tenir la queue d'une main et la partie de la tête de l'autre, et tirer pour les séparer.

3. Libérer les tentacules en coupant juste en dessous de l'œil. Jeter la tête, les entrailles et la poche à encre.

4. Enlever le cartilage transparent et tirer sur la peau pour l'enlever.

5. Couper la queue en rondelles d'environ 1 cm (1/2 po) d'épaisseur. Détailler les tentacules en morceaux individuels.

6. Parsemer les calmars et les morceaux de poisson sur les légumes de la casserole. Recouvrir du reste de légumes. Arroser de vin blanc. Saler, poivrer. Porter à ébullition, à feu vif, puis réduire le feu pour mijoter. Couvrir la casserole et laisser mijoter 15 minutes, ou jusqu'à ce que les palourdes soient ouvertes, les calmars tendres et que le poisson s'émiette facilement. Jeter les palourdes fermées.

7. Faire chauffer le reste de l'huile d'olive dans une poêle. Ajouter les tranches de pain et les faire dorer des 2 côtés. Égoutter sur du papier absorbant.

8. Placer 1 tranche de pain au fond de chaque bol à soupe. Ajouter le ragoût de fruits de mer. Parsemer de persil et servir aussitôt.

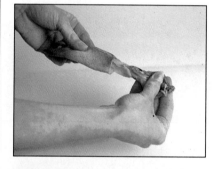

Étape 2 Pour nettoyer les calmars, séparer la tête de la queue en les tirant dans des directions opposées.

Étape 4 Enlever le cartilage transparent et tirer sur la peau violacée extérieure.

Notes du chef

Temps
Comptez environ 35 minutes de préparation et 15 minutes de cuisson.

Préparation
Faites dorer le pain pendant que le ragoût cuit. Servez le ragoût dès qu'il est cuit et ne le faites jamais réchauffer.

Variante
Utilisez différentes sortes de poissons tels que l'aiglefin, la morue, le flétan ou le bar.

POUR 4 PERSONNES

PLIE À LA SAUCE TOMATE PIQUANTE

Ce plat de poisson épicé est très populaire au Mexique.

90 g (3 oz) de fromage à la crème
5 mL (1 c. à t.) d'origan séché
1 pincée de poivre de Cayenne
4 filets entiers de plie
Rondelles de limette et aneth pour garnir

Sauce tomate
15 mL (1 c. à s.) d'huile
1 petit oignon, haché
1 branche de céleri, hachée
1 petit piment, épépiné et haché
1 mL (1/4 c. à t.) de chacun des aromates suivants en
    poudre: cumin, coriandre et gingembre
1/2 poivron rouge et 1/2 poivron vert, épépinés et hachés
398 mL (14 oz) de tomates en conserve
15 mL (1 c. à s.) de pâte de tomates
Sel, poivre et 1 pincée de sucre

1. Faire chauffer l'huile dans une casserole à fond épais. Ajouter l'oignon, le céleri, le piment et les aromates. Laisser mijoter environ 5 minutes, à feu très doux.

2. Incorporer les poivrons et le reste des ingrédients de la sauce et porter à ébullition. Réduire le feu et laisser mijoter 15 à 20 minutes, en remuant de temps à autre. Mettre de côté.

3. Mélanger le fromage, l'origan et le poivre de Cayenne. Mettre de côté.

4. Enlever la peau des filets avec un couteau à poisson. Tenir solidement la queue et glisser le couteau en biais, sous la chair.

5. Avec la lame près de la peau, pousser le couteau par petits coups. En se trempant les doigts dans le sel, il est plus facile de tenir la peau du poisson. Graduellement, séparer la peau de la chair.

6. Étaler la garniture au fromage sur les 4 filets et les rouler. Les attacher avec des cure-dents.

7. Rangez les filets dans un plat à gratin légèrement beurré, couvrir et cuire 8 à 10 minutes, dans un four préchauffé à 180 °C (350 °F).

8. Arroser le poisson de sauce tomate et prolonger la cuisson 6 à 7 minutes, au four. Le poisson est cuit lorsqu'il est ferme au toucher et qu'il est d'apparence opaque. Garnir de rondelles de limette et d'aneth.

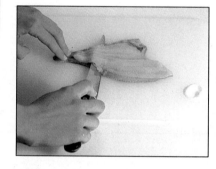

Étape 5 À l'aide d'un couteau à poisson tenu en biais, pousser la lame près de la peau, par petits coups, pour détacher la chair de la peau.

Étape 6 Étaler la garniture au fromage sur chaque filet et les rouler.

Notes du chef

Temps
Comptez environ 30 minutes de préparation et 15 à 20 minutes de cuisson.

Service
Accompagnez de riz et d'une salade d'avocat.

Occasions spéciales
Pour un dîner, incorporez des crevettes ou de la chair de crabe à la garniture au fromage.

POUR 6 PERSONNES

QUICHE AUX CREVETTES

Les piments frais rehaussent la saveur de cette quiche aux crevettes.

Pâte

250 mL (1 tasse) de farine
1 pincée de sel
30 mL (2 c. à s.) de beurre
30 mL (2 c. à s.) de graisse végétale
30 à 60 mL (2 à 4 c. à s.) d'eau froide

Garniture

4 œufs
125 mL (1/2 tasse) de lait
125 mL (1/2 tasse) de crème légère
1/2 gousse d'ail, épluchée, écrasée et hachée
250 mL (1 tasse) de cheddar râpé
3 oignons verts, hachés
2 petits piments verts, épépinés et hachés
225 g (1/2 lb) de petites crevettes cuites et décortiquées
Sel
Crevettes cuites avec leur carapace et persil pour garnir

1. Tamiser la farine avec le sel dans un bol à mélanger ou les mélanger 1 ou 2 fois au robot culinaire.

2. Puis incorporer le beurre et la graisse, jusqu'à ce que le mélange ressemble à de la fine chapelure, ou travailler la pâte au robot culinaire, en prenant garde de ne pas trop la mélanger.

3. Ajouter l'eau graduellement, juste assez pour former une boule. Si préparé dans un robot culinaire, ajouter l'eau par l'entonnoir du couvercle pendant que le robot fonctionne.

4. Bien envelopper la pâte et la réfrigérer 20 à 30 minutes.

5. Sur une surface bien farinée, rouler la pâte avec un rouleau à pâtisserie fariné.

6. Enrouler partiellement l'abaisse de pâte sur le rouleau pour la transporter et la placer dans un moule à quiche de 25 cm (10 po) de diamètre. Dérouler la pâte dans le moule.

7. Presser délicatement la pâte au fond et contre les côtés du moule, en prenant soin de ne pas l'étirer.

8. Passer le rouleau à pâtisserie sur le bord du moule pour retirer l'excédent de pâte, ou le découper avec un couteau tranchant.

9. Combiner les œufs avec le lait, la crème et l'ail. Parsemer le fromage, les oignons verts, les piments et les crevettes au fond de la quiche. Saupoudrer de sel. Verser le mélange aux œufs par-dessus.

10. Enfourner dans un four préchauffé à 200 °C (400 °F), et faire cuire 30 à 40 minutes, ou jusqu'à ce que la quiche soit ferme et bien dorée. Décortiquer et déveiner les queues des crevettes. Utiliser pour garnir, avec le persil.

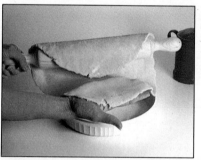

Étape 6 Utiliser le rouleau à pâtisserie pour lever et transporter l'abaisse dans le moule.

Étape 7 Presser délicatement la pâte dans le moule pour foncer les côtés et le fond.

Notes du chef

Temps
Comptez environ 40 minutes de préparation en incluant la période de refroidissement de la pâte, et 30 à 40 minutes de cuisson.

Variante
Avant la cuisson, ajoutez des dés de poivrons rouge et vert et de la coriandre hachée dans la garniture.

Service
Servez la quiche en hors-d'œuvre en la coupant en sections ou faites-la cuire dans des moules individuels. Pour un goûter ou un repas léger, servez la quiche chaude ou froide et accompagnez-la d'une salade.

POUR 4 À 6 PERSONNES

RAGOÛT DU MARIN

Ce ragoût de poisson à la fois économique, rapide et nourrissant
plaira à quiconque est friand de poisson, à l'heure du lunch.

90 mL (6 c. à s.) d'huile d'olive
2 gros oignons, émincés
1 poivron rouge, épépiné et émincé
125 g (1/4 lb) de champignons, émincés
398 mL (14 oz) de tomates en conserve, égouttées et hachées
1 pincée de sel et de poivre
1 pincée de thym séché
375 mL (1 1/2 tasse) d'eau
900 g (2 lb) de filets de corégone, sans peau
125 mL (1/2 tasse) de vin blanc
30 mL (2 c. à s.) de persil haché

2. Incorporer les champignons et les tomates. Porter à ébullition.

3. Ajouter le sel, le poivre, le thym et l'eau. Laisser mijoter 30 minutes.

4. Ajouter le poisson et le vin. Faire cuire environ 10 minutes, à feu doux, ou jusqu'à ce que le poisson s'émiette facilement. Incorporer le persil.

5. Pour servir, placer un morceau de pain français grillé au fond de chaque bol à soupe et recouvrir du ragoût de poisson.

Utiliser un couteau tranchant pour couper les oignons en moitiés et les émincer.

Étape 1 Faire cuire les oignons et le poivron dans l'huile, jusqu'à ce qu'ils deviennent tendres.

1. Faire chauffer l'huile dans une grande casserole et y faire cuire les oignons jusqu'à ce qu'ils soient transparents. Ajouter le poivron et prolonger la cuisson jusqu'à ce que les légumes soient tendres.

Notes du chef

Temps
Comptez environ 20 minutes de préparation et 40 minutes de cuisson.

Variante
Si désiré, ajoutez des fruits de mer au poisson. Remplacez le poivron rouge par un poivron vert.

Service
Vous pouvez présenter le ragoût sur du riz et l'accompagner d'une salade verte.

POUR 4 À 6 PERSONNES

CREVETTES MARTINIQUE

Un petit souvenir d'une île qui porte à la rêverie!

900 g (2 lb) de crevettes cuites
60 mL (4 c. à s.) de beurre
1 pincée de sel, poivre blanc et poivre de Cayenne
1 gousse d'ail, épluchée, écrasée et hachée
90 mL (6 c. à s.) de fine chapelure
30 mL (2 c. à s.) de persil haché
60 mL (4 c. à s.) de xérès
Quartiers ou rondelles de citron

Étape 2
Décortiquer les crevettes en retirant délicatement le bout des queues.

Étape 1
Premièrement, enlever la tête et les pattes des crevettes.

Étape 6 Étaler le mélange pour recouvrir complètement les crevettes.

1. Pour nettoyer les crevettes, enlever premièrement la tête et les pattes.

2. Décortiquer les crevettes en retirant délicatement le bout des queues.

3. Enlever la veine noire le long du dos.

4. Disposer les crevettes dans un plat à gratin peu profond ou dans des plats individuels.

5. Bien combiner le beurre avec le reste des ingrédients, sauf le citron.

6. Étaler le mélange sur les crevettes pour les recouvrir complètement. Faire cuire 12 à 15 minutes dans un four préchauffé à 190 °C (375 °F), ou jusqu'à ce que le beurre fonde et que la chapelure soit croustillante. Garnir de citron.

Notes du chef

Temps
Comptez environ 35 à 40 minutes de préparation et 12 à 15 minutes de cuisson.

Guide d'achat
Vous trouverez facilement des crevettes fraîches chez les poissonniers. Les crevettes surgelées ne seront pas aussi délicieuses.

POUR 4 PERSONNES

PLIE GRILLÉE

Une garniture qui gonfle en gratinant, pour donner un petit goût piquant
à ce poisson plutôt fin.

2 œufs, séparés
1 pincée de sel, poivre et moutarde en poudre
250 mL (1 tasse) d'huile d'arachide
60 mL (4 c. à s.) de relish aux cornichons
15 mL (1 c. à s.) de persil haché
15 mL (1 c. à s.) de jus de citron
1 soupçon de tabasco
4 doubles filets de plie

1. Mettre les jaunes d'œufs dans un mélangeur, un robot culinaire ou un bol profond.

2. Y incorporer le sel, le poivre et la moutarde. Pour combiner à la main, utiliser un fouet.

3. Si un mélangeur est utilisé, verser l'huile par l'entonnoir du couvercle, en un mince filet, pendant que l'appareil fonctionne. Si incorporé à la main, ajouter l'huile goutte à goutte, en mélangeant bien entre chaque addition.

4. Lorsque la moitié de l'huile est incorporée, ajouter le restant, en un mince filet, tout en mélangeant sans cesse au fouet.

5. Incorporer la relish, le persil, le jus de citron et le tabasco. Monter les blancs d'œufs en neige très ferme et les plier dans la mayonnaise.

6. Enfourner le poisson et le placer à environ 5 cm (2 po) du gril. Faire cuire 4 à 6 minutes ou selon l'épaisseur des filets.

7. Étaler la sauce sur chaque filet et remettre 3 minutes sous le gril, ou jusqu'à ce que la sauce gonfle et dore légèrement.

Étape 4 Incorporer l'huile aux jaunes d'œufs, en un mince filet, tout en mélangeant sans cesse.

Étape 5 Incorporer complètement, en pliant, les blancs montés en neige.

Étape 7 Étaler la sauce sur les filets de poisson grillés et les faire gratiner au four.

Notes du chef

Temps
Comptez environ 20 minutes de préparation et 7 à 9 minutes de cuisson.

À surveiller
Lorsque vous préparez la mayonnaise au robot culinaire ou à la main, n'incorporez pas l'huile trop rapidement, car la mayonnaise «tournera». Si elle tourne, battez un autre jaune d'œuf dans un bol et incorporez graduellement la mayonnaise tournée, au fouet. Ceci devrait rectifier le problème.

Variante
Utilisez cette garniture avec d'autres poissons.

Service
Accompagnez de tomates grillées.

POUR 4 PERSONNES

PLIE GRILLÉE

Une garniture qui gonfle en gratinant, pour donner un petit goût piquant
à ce poisson plutôt fin.

2 œufs, séparés
1 pincée de sel, poivre et moutarde en poudre
250 mL (1 tasse) d'huile d'arachide
60 mL (4 c. à s.) de relish aux cornichons
15 mL (1 c. à s.) de persil haché
15 mL (1 c. à s.) de jus de citron
1 soupçon de tabasco
4 doubles filets de plie

1. Mettre les jaunes d'œufs dans un mélangeur, un robot culinaire ou un bol profond.

2. Y incorporer le sel, le poivre et la moutarde. Pour combiner à la main, utiliser un fouet.

3. Si un mélangeur est utilisé, verser l'huile par l'entonnoir du couvercle, en un mince filet, pendant que l'appareil fonctionne. Si incorporé à la main, ajouter l'huile goutte à goutte, en mélangeant bien entre chaque addition.

4. Lorsque la moitié de l'huile est incorporée, ajouter le restant, en un mince filet, tout en mélangeant sans cesse au fouet.

5. Incorporer la relish, le persil, le jus de citron et le tabasco. Monter les blancs d'œufs en neige très ferme et les plier dans la mayonnaise.

6. Enfourner le poisson et le placer à environ 5 cm (2 po) du gril. Faire cuire 4 à 6 minutes ou selon l'épaisseur des filets.

7. Étaler la sauce sur chaque filet et remettre 3 minutes sous le gril, ou jusqu'à ce que la sauce gonfle et dore légèrement.

Étape 4 Incorporer l'huile aux jaunes d'œufs, en un mince filet, tout en mélangeant sans cesse.

Étape 5 Incorporer complètement, en pliant, les blancs montés en neige.

Étape 7 Étaler la sauce sur les filets de poisson grillés et les faire gratiner au four.

Notes du chef
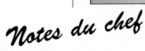

Temps
Comptez environ 20 minutes de préparation et 7 à 9 minutes de cuisson.

À surveiller
Lorsque vous préparez la mayonnaise au robot culinaire ou à la main, n'incorporez pas l'huile trop rapidement, car la mayonnaise «tournera». Si elle tourne, battez un autre jaune d'œuf dans un bol et incorporez graduellement la mayonnaise tournée, au fouet. Ceci devrait rectifier le problème.

Variante
Utilisez cette garniture avec d'autres poissons.

Service
Accompagnez de tomates grillées.

POUR 4 PERSONNES

BAR FRIT À LA FARINE DE MAÏS

La farine de maïs est un enrobage parfait pour la friture.
De plus, elle ajoute une saveur subtile aux aliments.

500 mL (2 tasses) de farine de maïs
30 mL (2 c. à s.) de farine
1 pincée de sel
10 mL (2 c. à t.) de poivre de Cayenne
5 mL (1 c. à t.) de cumin
2 gousses d'ail, épluchées, écrasées et hachées
900 g (2 lb) de filets de bar ou de corégone
Lait
Quartiers de limette pour garnir

Étape 3 Placer le poisson dans le mélange à la farine de maïs et relever les côtés du papier pour secouer le poisson et bien l'enrober.

Étape 2 Plonger le poisson dans le lait et le soulever pour laisser écouler l'excès de lait.

Étape 5 Dès que le poisson flotte à la surface de l'huile, le retourner pour le dorer uniformément.

1. Mélanger la farine de maïs, la farine, le sel, le poivre de Cayenne, le cumin et l'ail dans un plat peu profond, ou sur une feuille de papier ciré.

2. Si désiré, enlever la peau des filets. Les plonger dans le lait et les soulever pour laisser écouler l'excédent.

3. Passer les filets dans le mélange à la farine et les retourner avec 2 fourchettes pour bien les enrober. Si un papier est utilisé, relever les côtés et secouer le poisson pour l'enrober.

4. Entre-temps, faire chauffer de l'huile dans une friteuse ou dans une grande casserole.

5. Ajouter le poisson, par petites quantités, et le faire cuire jusqu'à ce qu'il flotte à la surface. Le retourner et le faire cuire pour le dorer uniformément.

6. Égoutter le poisson sur du papier absorbant et le servir aussitôt avec des quartiers de limette.

Notes du chef

Temps
Comptez environ 20 minutes de préparation et 5 minutes de cuisson par groupe de poisson.

Service
Utilisez des sauces piquantes ou des condiments épicés pour accompagner le poisson frit.

Variante
Remplacez le bar par un autre poisson à chair ferme.

POUR 4 PERSONNES

POISSONS GRILLÉS ROMESCU

Romescu est une sauce qui a évolué d'un ragoût de poisson
et qui est encore considérée, de nos jours, comme un mets en soi.
Elle est facile à préparer et possède un goût prononcé.

900 g (2 lb) de poissons entiers tels que: truite, rouget,
   harengs, sardines ou maquereaux, comptant
   1 à 4 poissons par personne, selon la grosseur
Sel et poivre
Feuilles de laurier
Huile d'olive
Jus de citron

Romescu (Sauce aux amandes et au poivre)

1 tomate, épluchée, épépinée et hachée
45 mL (3 c. à s.) d'amandes moulues
1/2 gousse d'ail, épluchée, écrasée et hachée
2 mL (1/2 c. à t.) de poivre de Cayenne
45 mL (3 c. à s.) de vinaigre de vin rouge
150 mL (2/3 tasse) d'huile d'olive

Étape 1 Dans un mortier, travailler les ingrédients de la sauce en une pâte onctueuse.

1. Dans un mortier, combiner les ingrédients de la sauce, sauf le vinaigre et l'huile. Défaire en crème avec un pilon.

2. Placer le mélange dans un bol et ajouter le vinaigre. Incorporer l'huile, goutte à goutte, en remuant sans cesse au fouet. Bien fouetter entre chaque addition. Dès que la moitié de l'huile est incorporée, ajouter le restant, en un mince filet, en remuant sans cesse. Rectifier l'assaisonnement. Mettre de côté.

3. Bien nettoyer les poissons. Saler, poivrer leur cavité et y placer 1 feuille de laurier. Badigeonner la peau d'huile d'olive et arroser de jus de citron. Les placer sous le gril préchauffé et faire cuire 2 à 5 minutes de chaque côté, ou selon leur épaisseur. Badigeonner d'huile et de jus de citron durant la cuisson. Napper de sauce et, si désiré, garnir de quartiers de citrons.

Étape 2 Mettre la pâte dans un bol et ajouter le vinaigre au fouet.

Étape 2 Lorsque la moitié de l'huile est incorporée, ajouter le restant, en un mince filet, tout en fouettant sans cesse.

Notes du chef

Temps
Comptez environ 20 minutes de préparation et 10 à 20 minutes de cuisson.

Préparation
Vous pouvez préparer la sauce plusieurs jours à l'avance et la réfrigérer dans un contenant hermétique. Laissez la sauce reprendre la température ambiante et fouettez-la avant de servir.

Service
Accompagnez de pommes de terre vapeur ou sautées et d'une salade.

POUR 4 PERSONNES

BROCHETTES DE POISSON AUX LÉGUMES

Les paupiettes de poisson donnent une apparence toute nouvelle
à ces brochettes.

16 petits et minces filets de sole, ou 8 gros, sans peau,
   coupés en 2 dans le sens de la longueur
60 mL (4 c. à s.) d'huile d'olive
1 gousse d'ail, épluchée, écrasée et hachée
Jus de 1/2 citron
Zeste râpé fin de 1/2 citron
Sel marin et poivre noir fraîchement moulus, au goût
3 gouttes de tabasco
2 courgettes moyennes, en rondelles de 5 mm (1/4 po)
1 poivron vert, en moitiés, épépiné et en morceaux
   de 2,5 cm (1 po)

1. Rouler chaque filet de sole en paupiettes et les attacher avec un cure-dents.

2. Placer les paupiettes dans un plat peu profond. Mélanger l'huile, l'ail, le jus de citron, le zeste, le sel, le poivre et le tabasco.

3. Napper uniformément chaque paupiette de marinade et réfrigérer 2 heures.

4. Retirer les cure-dents et délicatement enfiler les paupiettes sur des brochettes en les alternant avec les courgettes et le poivron.

5. Badigeonner les brochettes de marinade.

6. Ranger les brochettes dans un plat à rôtir et les faire cuire 6 à 8 minutes sous le gril. Retourner prudemment 1 à 2 fois les brochettes durant la cuisson, et les badigeonner de marinade.

Étape 1 En partant du plus gros bout, rouler chaque filet en paupiettes et les attacher avec un cure-dents.

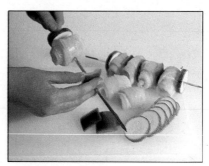

Étape 4 Enfiler, en alternant, les paupiettes, les courgettes et le poivron.

Notes du chef

Temps
Comptez environ 30 minutes de préparation, 2 heures de réfrigération et 6 à 8 minutes de cuisson.

Conseil
Utilisez la marinade avec d'autres poissons, elle est délicieuse.

Variante
Remplacez les filets de sole par de la plie.

Service
Présentez les brochettes sur un lit de riz brun, et parsemez de persil haché.

POUR 4 PERSONNES

MORUE EN SAUCE AU PAPRIKA

La sauce au paprika crémeuse complète merveilleusement
la saveur de la morue.

450 g (1 lb) de filets de morue
Jus de citron
1 feuille de laurier
Rondelle d'oignon
6 grains de poivre noir
30 mL (2 c. à s.) de beurre
125 mL (1/2 tasse) de têtes de champignons, nettoyées et
    émincées
1 petit poivron rouge, épépiné et émincé
1 échalote sèche, hachée fin
10 mL (2 c. à t.) de paprika
1 gousse d'ail, épluchée, écrasée et hachée
50 mL (1/4 tasse) de farine
250 mL (1 tasse) de lait chaud
15 mL (1 c. à s.) de persil haché
5 mL (1 c. à t.) de thym frais haché
5 mL (1 c. à t.) de pâte de tomates
Sel et poivre
225 g (1/2 lb) de pâtes fraîches, cuites
30 mL (2 c. à s.) de crème sure ou yogourt nature

Étape 4 Incorporer juste assez de liquide de cuisson à la sauce pour qu'elle nappe le dos d'une cuiller.

Étape 1 Placer les cubes de morue dans un plat allant au four. Ajouter le jus de citron, le laurier, l'oignon et les grains de poivre. Verser assez d'eau pour couvrir.

1. Détailler le poisson en cubes de 2,5 cm (1 po). Les mettre dans un plat allant au four avec le jus de citron, la feuille de laurier, l'oignon, les grains de poivre et juste assez d'eau pour couvrir. Couvrir d'une feuille d'aluminium ou d'un couvercle. Enfourner dans un four préchauffé à 180 °C (350 °F) et laisser pocher environ 8 minutes.

2. Faire fondre le beurre dans une casserole et y incorporer les champignons, le poivron, l'échalote, le paprika et l'ail. Cuire 3 minutes, à feu moyen, ou jusqu'à ce que le poivron soit tendre.

3. Bien incorporer la farine. Ajouter le lait graduellement, en remuant jusqu'à ce que la sauce épaississe.

4. Égoutter le poisson du plat à rôtir. Incorporer assez du liquide de cuisson à la sauce pour qu'elle puisse napper le dos d'une cuiller. Ajouter le persil, le thym et la pâte de tomates. Laisser mijoter 2 à 3 minutes. Assaisonner au goût.

5. Disposer les pâtes chaudes dans une assiette de service et y dresser le poisson en dôme. Napper de sauce au paprika et garnir de crème sure. Servir.

Notes du chef

Temps
Comptez environ 20 minutes de préparation et 14 minutes de cuisson.

Variante
Remplacez la morue par un poisson à chair ferme, comme la baudroie.

Service
Accompagnez ce plat d'une salade mélangée.

POUR 4 PERSONNES

HARENGS À LA SAUCE À L'ANETH ET À LA MOUTARDE

L'aneth et la moutarde donnent un petit goût piquant à ce poisson.

60 mL (4 c. à s.) d'aneth frais haché
90 mL (6 c. à s.) de moutarde forte
30 mL (2 c. à s.) de jus de citron ou vin blanc
4 à 8 harengs frais, nettoyés, mais la queue et la tête intactes
30 mL (2 c. à s.) de beurre ou margarine, fondu
Sel et poivre

Étape 1 Dans un petit bol, bien mélanger l'aneth, la moutarde et le jus de citron.

1. Mélanger l'aneth, la moutarde et le jus de citron dans un bol.

2. Faire 3 incisions, juste assez pour percer la peau, sur les 2 côtés de chaque hareng, et les ranger dans un plat à rôtir.

3. Étaler uniformément la moitié du mélange à la moutarde sur le côté exposé des poissons, en pénétrant un peu les incisions.

4. Arroser chaque hareng de beurre fondu et cuire 5 à 6 minutes sous le gril.

5. Retourner les poissons et étendre le reste du mélange à la moutarde. Les arroser de beurre fondu. Les remettre sous le gril et prolonger la cuisson 5 à 6 minutes.

6. Saler, poivrer les harengs avant de servir.

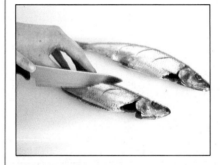

Étape 2 Faire 3 incisions sur les 2 côtés des poissons, juste assez pour percer la peau. Prendre soin de ne pas pénétrer trop profondément la chair, car elle pourrait se briser lorsqu'on retourne les poissons.

Étape 3 Étaler la moitié du mélange à la moutarde sur le côté exposé, en en introduisant une certaine quantité dans les incisions.

Notes du chef

Temps
Comptez environ 10 minutes de préparation et 12 à 15 minutes de cuisson ou selon la grosseur des harengs.

Variante
Remplacez les harengs par des maquereaux frais.

Service
Dressez le poisson sur un plat de service, garnissez de quartiers de citron ou de branches d'aneth frais. Accompagnez de pommes de terre nouvelles.

POUR 4 PERSONNES

CRÊPES AUX CREVETTES

Ce délicieux plat nous provient d'Italie.

175 mL (3/4 tasse) de farine
1 pincée de sel
3 œufs, battus
250 mL (1 tasse) d'eau
5 mL (1 c. à t.) d'huile d'olive
45 mL (3 c. à s.) de beurre ou margarine, fondu
30 mL (2 c. à s.) de beurre
30 mL (2 c. à s.) de farine
375 mL (1 1/2 tasse) de lait chaud
Jus de 1 citron
Sel et poivre
225 g (1/2 lb) de crevettes
Rondelles de citron, pour garnir

1. Tamiser 175 mL (3/4 tasse) de farine et le sel dans un bol. Ajouter graduellement les œufs au fouet, jusqu'à ce que le mélange soit onctueux. Incorporer l'eau et l'huile et laisser reposer la pâte 30 minutes.

2. Faire chauffer une poêle et la beurrer légèrement de beurre fondu. Verser 15 mL (1 c. à s.) de pâte au centre de la poêle. Incliner la poêle pour napper uniformément le fond.

3. Faire cuire pour dorer le dessous de la crêpe, la retourner délicatement et dorer l'autre côté. Empiler les crêpes et les tenir au chaud. Répéter pour utiliser toute la pâte.

4. Faire chauffer 30 mL (2 c. à s.) de beurre dans une casserole et incorporer 30 mL (2 c. à s.) de farine. Ajouter graduellement le lait en mélangeant sans cesse au fouet. Laisser mijoter 6 à 8 minutes, à feu doux. Incorporer le jus de citron et assaisonner au goût.

5. Combiner les crevettes avec la moitié de la sauce. Disposer une crêpe dans un plat à gratin et y étaler une cuillerée comble de sauce aux crevettes. Recouvrir d'une seconde crêpe et répéter sauce/crêpe pour utiliser toutes les crêpes, en finissant par une crêpe. Enfourner dans un four préchauffé à 190 °C (375° F), et faire cuire 10 minutes.

6. Verser le reste de la sauce sur les crêpes et garnir de rondelles de citron. Trancher comme un gâteau et servir.

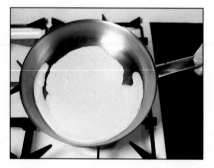

Étape 2 Faire chauffer une poêle de 18 cm (7 po) de diamètre et la beurrer légèrement. Placer 15 mL (1 c. à s.) de pâte au centre et incliner la poêle pour napper uniformément le fond.

Étape 5 Dans un plat à gratin, alterner les crêpes et la sauce aux crevettes. Terminer avec une crêpe et cuire au four.

Notes du chef

Temps
Comptez environ 30 minutes de préparation et 35 minutes de cuisson.

Service
Accompagnez d'une salade composée colorée.

Congélation
Vous pouvez préparer les crêpes à l'avance et les surgeler. Empilez les crêpes en plaçant une feuille de papier ciré entre chacune. Pour les utiliser, faites dégeler les crêpes et réchauffez-les au besoin.

POUR 4 PERSONNES

RAGOÛT DE POISSON À LA PROVENÇALE

Un dîner méditerranéen fort nourrissant.
Ce plat est un vrai délice pour les amateurs de poisson.

1 oignon moyen, haché fin
2 gousses d'ail, épluchées, écrasées et hachées
45 mL (3 c. à s.) d'huile d'olive
700 g (1 1/2 lb) de tomates, pelées, épépinées et hachées
500 mL (2 tasses) de vin rouge sec
30 mL (2 c. à s.) de pâte de tomates
Sel et poivre
800 g (1 3/4 lb) de moules fraîches en coquilles, brossées et nettoyées
8 grosses crevettes
125 g (1/4 lb) de crevettes décortiquées
4 pinces de crabe, décortiquées mais la pointe intacte

Étape 1 Faire cuire doucement les tomates avec l'oignon et l'ail, jusqu'à ce qu'elles soient tendres.

Étape 3 Faire cuire les moules dans la sauce tomate, jusqu'à ce que les coquilles s'ouvrent.

1. Dans une grande cocotte, faire cuire doucement l'oignon et l'ail dans l'huile chaude, jusqu'à ce qu'ils soient tendres. Ajouter les tomates et cuire 3 à 4 minutes, à feu moyen.

2. Incorporer le vin rouge et la pâte de tomates. Assaisonner au goût et porter à ébullition. Couvrir et laisser mijoter 15 minutes.

3. Ajouter les moules, couvrir et laisser mijoter 4 à 5 minutes, ou jusqu'à ce que les moules s'ouvrent. Jeter les coquilles fermées.

4. Incorporer le reste des ingrédients et prolonger la cuisson environ 4 minutes, sans couvrir.

Notes du chef

Temps
Comptez environ 15 minutes de préparation, 10 minutes pour nettoyer les moules et 30 minutes de cuisson.

Service
Accompagnez le ragoût de croûtons à l'ail parsemés de persil haché.

Préparation
Pour vous assurer de la fraîcheur des moules, frappez-les légèrement et si elles ne se referment pas complètement, jetez-les. Éliminez aussi toutes les coquilles brisées ou qui ne se sont pas ouvertes durant la cuisson.

Conseil
Si vous ne faites pas cuire les moules le jour de l'achat, enveloppez-les dans du papier journal humide et placez-les dans le bas du réfrigérateur.

POUR 4 PERSONNES

CARPE EN FRITURE

La carpe est très appréciée en Pologne et est apprêtée de nombreuses façons.
Ce plat est très populaire la veille de Noël.

900 g à 1,5 kg (2 à 3 1/4 lb) de filets de carpe
Sel
Farine
1 à 2 œufs légèrement battus
Chapelure
Beurre et huile pour la friture

Chou et champignons à la polonaise
450 g (1 lb) de choucroute en conserve
60 à 90 g (2 à 3 oz) de champignons séchés
30 mL (2 c. à s.) de beurre ou margarine
1 oignon émincé et haché fin
25 mL (1 1/2 c. à s.) de farine
Sel et poivre

1. Si désiré, enlever la peau des filets. Les détailler en morceaux de même grosseur et les saler légèrement. Laisser reposer 30 minutes.

2. Placer la choucroute dans une casserole à fond épais, et ajouter 250 mL (1 tasse) d'eau. Porter à ébullition et laisser mijoter 30 minutes. Égoutter la choucroute et réserver le jus de cuisson.

3. Mettre les champignons dans une autre casserole et ajouter assez d'eau pour couvrir. Faire cuire, à feu doux, jusqu'à ce qu'ils soient tendres. Émincer les champignons et les réserver dans leur liquide de cuisson.

4. Faire chauffer le beurre dans une poêle. Y faire dorer l'oignon. Saupoudrer de farine et bien mélanger.

Étape 8 Enrober les morceaux de poisson de chapelure.

5. Incorporer le jus de cuisson de la choucroute au mélange au beurre. Bien remuer et porter à ébullition. Cuire jusqu'à épaississement et ajouter la choucroute, les champignons émincés et leur liquide. Saler, poivrer. Incorporer complètement et mettre de côté. Garder chaud.

6. Passer légèrement les morceaux de carpe dans la farine et les secouer pour enlever l'excédent.

7. Tremper les morceaux dans les œufs battus en utilisant 2 fourchettes.

8. Puis les enrober de chapelure en les secouant pour enlever l'excédent. Faire chauffer le beurre et l'huile dans une grande poêle. Ajouter les morceaux de poisson et les faire dorer environ 3 à 4 minutes de chaque côté. Le mélange d'huile et de beurre chaud doit arriver à mi-hauteur du poisson.

9. Égoutter le poisson sur du papier absorbant. Servir aussitôt avec la choucroute aux champignons.

Notes du chef

Temps
Comptez environ 30 minutes de cuisson pour la choucroute et 10 minutes pour le poisson. Pour ne pas surcharger la poêle, faites cuire le poisson en plusieurs groupes.

Préparation
Pour enrober le poisson plus facilement, étendre la chapelure sur du papier ciré et relevez les coins pour que la chapelure enrobe les morceaux.

Conseil
Si la chapelure devient moite au contact du poisson enduit d'œuf battu, passez-la dans une passoire et jetez les morceaux d'œuf.

POUR 6 PERSONNES

PAELLA

Ce plat possède autant d'adaptations que l'Espagne a de chefs!
Poisson, viande et volaille se combinent avec des légumes et du riz
pour donner un repas complet en soi.

12 moules
6 palourdes (ou à défaut, 6 autres moules)
12 grosses crevettes
3 chorizos ou autre saucisse épicée
30 mL (2 c. à s.) d'huile
900 g (2 lb) de poulet, coupé en 12 morceaux *1.5 kg. non désossé*
1 petit oignon, haché
1 gousse d'ail, épluchée, écrasée et hachée
2 petits poivrons, rouge et vert, épépinés et émincés
500 mL (2 tasses) de riz à grains longs
1 grosse pincée de safran
1 L (4 tasses) d'eau bouillante
Sel et poivre
170 g (6 oz) de morue, sans peau, en tronçons de 5 cm (2 po)
250 mL (1 tasse) de petits pois surgelés
3 tomates épluchées, épépinées et hachées ou émincées

1. Bien nettoyer les moules et les palourdes. Jeter les coquilles abîmées.

2. Si désiré, enlever la tête des crevettes et les décortiquer, mais laisser le bout des queues intact.

3. Placer la saucisse dans une casserole et la recouvrir d'eau. Porter à ébullition et laisser mijoter 5 minutes. Égoutter et trancher en rondelles de 5 mm (1/4 po). Mettre de côté.

4. Faire chauffer l'huile et dorer les morceaux de poulet uniformément des 2 côtés. Les égoutter sur du papier absorbant.

5. Mettre la saucisse, l'oignon, l'ail et les poivrons dans l'huile encore chaude, et faire cuire rapidement pendant 3 minutes.

6. Combiner le mélange à la saucisse avec le riz non cuit et le safran. Placer le tout dans un plat à paella ou une grande casserole allant au four. Y verser l'eau, saler, poivrer et porter à ébullition. Remuer de temps à autre et laisser bouillir 2 minutes.

7. Ajouter les morceaux de poulet, enfourner dans un four préchauffé à 200 °C (400 °F) et cuire 15 minutes.

8. Ajouter les palourdes, les moules, les crevettes, le cabillaud et les pois. Prolonger la cuisson 10 minutes jusqu'à ce que le riz soit tendre, le poulet cuit et les moules et les palourdes ouvertes. Éliminer les coquilles fermées. Cinq minutes avant la fin de la cuisson, ajouter les tomates. Servir aussitôt.

ajouter un autre soin si moules ques sont gros ou le, quantité

Étape 5 Faire cuire la saucisse, l'oignon, l'ail et les poivrons dans l'huile chaude.

Étape 6 Combiner le mélange à la saucisse avec le riz et l'eau dans un plat à paella ou une casserole allant au four.

Notes du chef

Temps
Comptez environ 30 minutes de préparation et 30 à 35 minutes de cuisson.

Variante
Variez les ingrédients à votre goût. Utilisez d'autres poissons ou fruits de mer. Omettez le poulet ou remplacez-le par la même quantité de porc. Choisissez des oignons rouges ou des oignons verts et ajoutez plus de saucisses.

À surveiller
Ne remuez pas la paella à partir du moment où vous la mettez au four.

POUR 6 PERSONNES

POISSON SINGAPOUR

La cuisine de Singapour a été très influencée par celle de Chine.
En retour, les Chinois ont incorporé des ingrédients comme le cari
dans leur propre cuisine.

450 g (1 lb) de filets de corégone
1 blanc d'œuf
15 mL (1 c. à s.) de fécule de maïs
10 mL (2 c. à t.) de vin blanc
Sel et poivre
Huile pour la friture
1 gros oignon, en quartiers de 1 cm (1/2 po) d'épaisseur
15 mL (1 c. à s.) de cari
1 petite conserve d'ananas, égoutté et le jus réservé ou
   1/2 ananas frais, pelé et en cubes
1 petite conserve de quartiers de mandarines, égouttés et le
   jus réservé
15 mL (1 c. à s.) de fécule de maïs délayée au jus de 1 limette
10 mL (2 c. à t.) de sucre (facultatif)
1 petite conserve de châtaignes d'eau tranchées, égouttées
1 pincée de sel et de poivre

1. Tenir solidement la queue des filets et enlever la peau à
l'aide d'un couteau tranchant.

2. Glisser la lame par petits coups tout le long des filets, en
poussant la chair en même temps.

3. Détailler la chair en tronçons uniformes de 5 cm (2 po).

4. Mélanger le blanc d'œuf, la fécule de maïs, le vin, le sel et
le poivre. Placer le poisson dans le mélange et laisser
reposer pendant que l'huile chauffe dans un wok.

5. Dès que l'huile est chaude, faire frire quelques morceaux
de poisson à la fois, jusqu'à ce qu'ils soient bien dorés et
croustillants. Égoutter le poisson sur du papier absorbant et
continuer la cuisson des autres morceaux.

6. Jeter l'huile du wok sauf 15 mL (1 c. à s.) et y mettre
l'oignon. Faire sauter 1 à 2 minutes et ajouter le cari. Prolonger la cuisson 1 à 2 minutes. Incorporer les jus de fruits
réservés. Porter à ébullition.

7. Ajouter une pleine cuillerée de jus des fruits bouillant à la
fécule de maïs délayée dans le jus de citron. Verser le mélange dans le wok et faire cuire environ 2 minutes, ou jusqu'à
épaississement. Goûter et, si nécessaire, ajouter le sucre.
Incorporer les fruits, les châtaignes d'eau et le poisson frit.
Saler, poivrer. Remuer pour bien enrober. Faire chauffer
1 minute. Servir aussitôt.

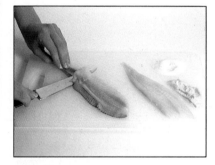

Étape 2 Tenir le couteau à poisson en biais et le glisser le long du filet par petits coups.

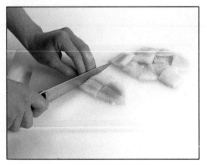

Étape 3 Détailler la chair en tronçons uniformes de 5 cm (2 po).

Notes du chef

Temps
Comptez environ 25 minutes
de préparation et 10 minutes
de cuisson.

Variante
Remplacez le poisson par du
poulet et faites cuire de la
même manière. Si désiré,
garnissez de persil chinois.

Service
Accompagnez d'un riz blanc,
d'un riz frit ou de nouilles
chinoises cuites.

POUR 4 PERSONNES

RAIE AU BEURRE NOIR

C'est surprenant comme l'ajout d'ingrédients simples comme un beurre noir,
du vinaigre, des câpres et du persil peut transformer un plat banal
en un chef-d'œuvre.

4 ailes de raie
1 rondelle d'oignon
2 tiges de persil
1 pincée de sel
6 grains de poivre noir

Beurre noir
60 mL (4 c. à s.) de beurre
15 mL (1 c. à s.) de câpres
30 mL (2 c. à s.) de vinaigre de vin blanc
15 mL (1 c. à s.) de persil haché (facultatif)

1. Placer les ailes en une seule couche, dans une grande poêle profonde. Recouvrir complètement d'eau et ajouter l'oignon, le persil, le sel et le poivre. Porter doucement à ébullition, sans couvrir. Laisser mijoter 10 à 12 minutes, ou jusqu'à ce que la raie soit cuite.

2. Égoutter les ailes et retirer la peau et le cartilage sans briser la chair. Disposer les ailes dans un plat de service.

3. Mettre le beurre dans une petite poêle et le faire chauffer, à feu vif, jusqu'à ce qu'il devienne de couleur noisette. Ajouter les câpres et retirer aussitôt la poêle du feu. Incorporer le vinaigre ce qui fera pétiller le beurre. Ajouter le persil et verser aussitôt sur le poisson. Servir.

Étape 1 Placer les ailes de raie dans une poêle avec le liquide de pochage.

Étape 2 Avec un petit couteau, enlever la peau et le cartilage, sans briser la chair.

Étape 3 Verser le beurre pétillant sur le poisson et servir.

Notes du chef

Variante
Remplacez ou ajoutez aux câpres des olives, des échalotes sèches ou des champignons hachés. Incorporez du jus de citron au lieu du vinaigre.

Conseil
Lorsque la raie est cuite, la chair se détachera du cartilage en longues lanières.

Temps
Comptez environ 20 minutes de préparation et 10 à 12 minutes de cuisson pour le poisson et 5 minutes pour le beurre.

POUR 4 PERSONNES

SOLE À LA MILANAISE

Ce poisson cuit au style de Milan est recouvert de chapelure croustillante
et relevé de jus de citron frais.

8 filets de sole
30 mL (2 c. à s.) de vermouth
1 feuille de laurier
90 mL (6 c. à s.) d'huile d'olive
Sel et poivre
Farine assaisonnée pour paner
2 œufs, légèrement battus
Chapelure
Huile pour la friture
90 mL (6 c. à s.) de beurre
1 gousse d'ail, épluchée, écrasée et hachée
10 mL (2 c. à t.) de persil haché
5 mL (1 c. à t.) d'origan frais haché
30 mL (2 c. à s.) de câpres
Jus de 1 citron
Quartiers de citron et persil pour garnir

1. Enlever la peau des filets avec un couteau à poisson. Ôter les os qui pourraient rester. Placer les filets dans un grand plat peu profond. Dans une petite casserole, combiner le vermouth avec le laurier et l'huile; faire chauffer doucement. Laisser refroidir complètement et verser sur le poisson. Saler, poivrer. Laisser mariner environ 1 heure en les retournant de temps à autre.

2. Égoutter le poisson de la marinade et le passer légèrement dans la farine.

3. Tremper les filets dans les œufs battus ou les badigeonner au pinceau. Passer les filets dans la chapelure et presser la chapelure sur la chair.

4. Faire chauffer l'huile dans une grande poêle. Ajouter les filets et faire dorer lentement des 2 côtés. Faire cuire environ 3 minutes de chaque côté, retirer et égoutter sur du papier absorbant.

5. Jeter l'huile de la poêle et l'essuyer. Faire dorer le beurre et l'ail dans la poêle. Ajouter les aromates, les câpres et le jus de citron. Verser aussitôt sur le poisson. Garnir de quartiers de citron et de branches de persil.

Étape 1 Tenir le poisson fermement par la queue et glisser la lame en biais entre la chair et la peau. Pousser le couteau par petits coups tout le long du filet.

Étape 3 Tremper ou badigeonner les filets d'œufs battus. Presser fermement la chapelure contre la chair.

Notes du chef

Temps
Comptez environ 1 heure pour la macération du poisson et 6 minutes de cuisson. Si vous utilisez une poêle plus petite, faites cuire le poisson en 2 groupes.

Conseil
Pour garder le poisson chaud, placez-le dans un grand plat et mettez-le dans un four doux.

Variante
Utilisez d'autres poissons à chair blanche. Choisissez des filets de même grosseur pour obtenir une cuisson uniforme. Si désiré, remplacez l'ail par de l'oignon haché.

POUR 4 PERSONNES

HARENGS À LA POLONAISE

Le hareng, quelle que soit la préparation, est un favori des polonais.
Ce poisson peut être préparé bien à l'avance et conservé dans sa marinade.

4 harengs de même grosseur, nettoyés
2 oignons, émincés
10 grains de poivre noir
5 baies de piment de la Jamaïque
2 feuilles de laurier
1 citron, tranché
Jus de 3 citrons
2 mL (1/2 c. à t.) de sucre
125 mL (1/2 tasse) de crème épaisse
4 pommes de terre, épluchées et émincées
Sel, poivre et graines de carvi
90 mL (6 c. à s.) d'huile végétale
Quartiers de citron et persil haché pour garnir

1. Placer chaque hareng, l'ouverture en bas, sur une surface de travail. Avec la paume de la main, presser tout le long de l'arête médiane pour la détacher.

2. Retourner le hareng et ôter délicatement l'arête médiane.

3. Couper les filets en 2 et enlever la peau avec un couteau à poisson. Tenir fermement le bout de la queue, glisser la lame en biais entre la chair et la peau et pousser par petits coups.

4. Étager les filets dans une casserole profonde. Placer entre chaque rang des tranches d'oignons, des épices, du laurier et des rondelles de citron.

5. Mélanger le jus de citron et le sucre. Verser le mélange sur le poisson. Déposer un papier ciré directement sur le poisson et placer un couvercle par-dessus. Réfrigérer 24 heures. Égoutter les harengs et passer la marinade. Incorporer 60 mL (4 c. à s.) de la marinade à la crème et la verser sur les harengs avant de servir.

Étape 2 Retourner le hareng et ôter délicatement l'arête médiane.

Étape 3 Couper les filets en deux et enlever la peau en tenant la lame du couteau en biais. Tremper les doigts dans le sel pour mieux tenir le poisson.

6. Ranger en couches les pommes de terre dans un plat à gratin. Saupoudrer chaque couche de sel, de poivre et de graines de carvi. Arroser d'huile et enfourner dans un four préchauffé à 200 °C (400 °F). Faire cuire environ 30 à 40 minutes, ou jusqu'à ce que les pommes de terre soient tendres et bien dorées. Servir avec les harengs. Garnir de quartiers de citron et de persil haché.

Notes du chef

Temps
Comptez environ 25 minutes de préparation pour les harengs, 24 heures de réfrigération, environ 15 minutes de préparation pour les pommes de terre et 30 à 40 minutes de cuisson.

Préparation
Pour dépouiller plus facilement le poisson de sa peau, trempez-vous les doigts dans le sel pour mieux le tenir.

Variante
Utilisez des poissons différents tels que l'aiglefin, la morue, le flétan ou le bar.

POUR 6 À 8 PERSONNES

TOURTE AUX FRUITS DE MER

Cette très élégante adaptation de quiche au poisson accompagne bien l'apéritif ou peut servir, avec une salade, de repas léger.

Pâte

500 mL (2 tasses) de farine
125 mL (1/2 tasse) de beurre non salé
50 mL (1/4 tasse) de lait froid
1 pincée de sel

Garniture

125 g (1/4 lb) de filets de plie, de sole ou de morue
125 mL (1/2 tasse) d'eau
125 mL (1/2 tasse) de vin blanc
1 grosse pincée de piments rouges séchés broyés
225 g (1/2 lb) de crevettes cuites
125 g (1/4 lb) de chair de crabe émiettée
30 mL (2 c. à s.) de beurre
30 mL (2 c. à s.) de farine
1 gousse d'ail, épluchée, écrasée et hachée
2 jaunes d'œufs
125 mL (1/2 tasse) de crème épaisse
Persil haché
Sel et poivre

1. Pour préparer la pâte, tamiser la farine dans un bol ou sur une surface de travail. Couper le beurre en petits morceaux et l'incorporer à la farine jusqu'à ce que le mélange ressemble à de la fine chapelure – ceci peut aussi se faire au robot culinaire. Creuser un puits au centre de la farine, y verser le lait et ajouter 1 pincée de sel. Mélanger à la fourchette, en ramenant graduellement le mélange de farine vers le centre pour incorporer les ingrédients. Un robot culinaire peut être utilisé.

2. Former une boule avec la pâte et la pétrir environ 1 minute. Réfrigérer la pâte environ 1 heure.

3. Pour préparer la garniture, faire cuire les filets de poisson environ 10 minutes dans l'eau et le vin, avec les piments broyés, ou jusqu'à ce que les filets soient fermes au toucher.

Étape 5 Placer un papier ciré dans le fond de tarte, et le recouvrir de haricots secs, de riz ou de plombs à pâtisserie pour empêcher la pâte de gonfler pendant la cuisson.

Les égoutter du liquide et les émietter dans un bol. Ajouter les crevettes et la chair de crabe. Passer le liquide de cuisson et le réserver.

4. Faire fondre le beurre dans une petite casserole et y incorporer la farine. Ajouter graduellement le liquide réservé, en remuant sans cesse, jusqu'à ce que la sauce soit onctueuse. Ajouter l'ail et porter à ébullition, à feu vif. Réduire la chaleur et laisser mijoter 1 minute. Verser la sauce dans le bol contenant le poisson et remuer. Mettre de côté pour refroidir.

5. Sur un plan de travail fariné, abaisser la pâte et l'enrouler sur le rouleau à pâtisserie pour la transporter dans un moule à tarte à fond amovible. Presser la pâte dans le moule et découper l'excédent. Piquer le fond à la fourchette et y placer un papier ciré. Remplir de riz, de haricots secs ou de plombs à pâtisserie. Réfrigérer 30 minutes. Puis, faire cuire 15 minutes dans un four préchauffé à 190 °C (375 °F).

6. Entre-temps, combiner les jaunes d'œufs avec la crème et le persil. L'incorporer à la garniture au poisson. Saler, poivrer. Lorsque le fond de tarte est cuit, enlever le papier et les poids et y verser la garniture au poisson.

7. Remettre au four et prolonger la cuisson de 25 minutes. Laisser refroidir légèrement la quiche avant de la disposer sur un plat de service. Trancher et servir.

Notes du chef

Temps
Comptez environ 15 à 20 minutes de préparation pour la garniture, 20 minutes pour la pâte, 1 heure de réfrigération et 40 minutes de cuisson.

Variante
Pour une occasion spéciale, remplacez le poisson par du homard.

Congélation
Préparez la pâte à l'avance et enveloppez-la bien. Étiquetez-la et ne la surgelez pas plus de 3 mois. Dégelez la pâte à la température ambiante avant de l'utiliser.

POUR 4 PERSONNES

CHAUSSONS DE PLIE AUX CHAMPIGNONS

Ces délicieuses tartes individuelles font un chaleureux
dîner ou souper familial.

Sel et poivre
4 filets de plie, sans peau
125 mL (1/2 tasse) de lait
125 g (1/4 lb) de têtes de champignons, nettoyées
  et émincées
30 mL (2 c. à s.) de beurre
Jus de 1 citron
45 mL (3 c. à s.) de mélange à farce, aux noix ou au citron,
  de préférence
350 g (3/4 lb) de pâte feuilletée
Œuf battu
Graines de pavot

1. Saler, poivrer les filets de plie et les rouler en paupiettes.
Les attacher avec un cure-dents et les faire pocher
doucement dans le lait, pendant 10 minutes dans un four
préchauffé à 180 °C (350 °F).

Étape 4 Laisser
refroidir les
champignons cuits
et puis bien
incorporer le
mélange à farce.

Étape 6 Remonter
les côtés du cercle
par-dessus le
poisson. Pincer la
pâte pour sceller
complètement.

2. Égoutter le poisson et le laisser refroidir. Retirer les cure-
dents. Régler le four à 200 °C (400 °F).

3. Placer les champignons, le beurre et le jus de citron dans
une casserole. Faire cuire 5 minutes, à feu moyen.

4. Laisser refroidir les champignons, puis incorporer le
mélange à farce.

5. Rouler la pâte assez mince pour former 4 cercles de
15 cm (6 po) de diamètre. Badigeonner le pourtour d'œuf
battu.

6. Déposer 1 paupiette de poisson au centre de chaque
cercle et ajouter le quart du mélange à farce. Tirer les côtés
du cercle vers le haut, par-dessus la paupiette et presser la
pâte pour sceller.

7. Disposer les chaussons sur une tôle à biscuits beurrée et
badigeonner d'œuf battu. Parsemer de quelques graines de
pavot.

8. Enfourner et cuire environ 25 minutes, ou jusqu'à ce que
les chaussons soient gonflés et dorés. Servir aussitôt.

Notes du chef

Temps
Comptez environ 25 minutes
de préparation, plus la
période de refroidissement
et 35 minutes de cuisson.

Variante
Utilisez de la pâte feuilletée
à la farine de blé entier pour
un repas plus nutritif.

Service
Accompagnez de pommes
de terre nouvelles ou en
purée et d'une salade ou
d'un légume vert.

POUR 6 PERSONNES

QUICHE À L'AIGLEFIN FUMÉ ET AUX ŒUFS

Cette quiche classique est une favorite des brunchs, des buffets et des dîners.

225 g (1/2 lb) de pâte de farine de blé entier
350 g (3/4 lb) de filet d'aiglefin fumé
125 mL (1/2 tasse) de bouillon de poulet
2 œufs durs, hachés
15 mL (1 c. à s.) de ciboulette hachée
175 mL (3/4 tasse) de gruyère ou emmental, râpé
3 œufs
250 mL (1 tasse) de lait
Sel et poivre

3. Incorporer les œufs hachés, la ciboulette et le fromage au poisson. Étaler le mélange uniformément dans le fond de tarte pré-cuit.

4. Battre ensemble les œufs et le lait. Assaisonner au goût. Verser sur le mélange au poisson.

5. Enfourner dans le four préchauffé à 190 °C (375 °F) et faire cuire 25 à 30 minutes, ou jusqu'à ce que la garniture soit prise.

Étape 1 Presser la pâte dans le moule à quiche et y placer un papier ciré. Remplir à moitié de haricots ou de pois secs et faire cuire au four.

Étape 3 Incorporer les œufs hachés, la ciboulette et le fromage au poisson et étaler le mélange dans le fond de tarte pré-cuit.

1. Abaisser la pâte pour foncer un moule à quiche de 23 cm (9 po) de diamètre. Bien presser les côtés et le fond. Piquer le fond à la fourchette et le faire cuire 15 minutes, dans un four préchauffé à 190 °C (375 °F).

2. Faire pocher doucement le poisson dans le bouillon de poulet, environ 8 minutes, ou jusqu'à ce qu'il soit tendre. L'égoutter et l'émietter dans un bol, en jetant la peau ou les os s'il en reste.

Étape 4 Verser délicatement le mélange aux œufs et lait sur le poisson, dans le fond de tarte.

Notes du chef

Temps
Comptez environ 25 minutes de préparation et 40 minutes de cuisson.

Variante
Remplacez l'aiglefin fumé par du thon émietté en conserve.

Service
Accompagnez de pommes de terre nouvelles ou en robe des champs et d'une salade verte.

POUR 4 PERSONNES

PAUPIETTES DE POISSON À L'ÉTOUFFÉE

Les paupiettes donnent une belle apparence à ce plat.

2 gros filets de sole, coupés en 4
250 mL (1 tasse) de crevettes décortiquées, hachées
10 mL (2 c. à t.) de fécule de maïs
5 mL (1 c. à t.) de xérès
4 oignons verts, le vert seulement, hachés
15 mL (1 c. à s.) de beurre fondu
2 œufs, battus avec une pincée de sel

Étape 1 Placer les filets de poisson sur une surface plate, côté de la peau en bas. À l'aide d'un couteau tranchant, séparer la chair de la peau en la poussant au fur et à mesure que l'on coupe.

1. Dépouiller les filets de leur peau. Placer les filets sur une surface plate, le côté dépouillé en haut.

2. Mélanger les crevettes avec la fécule de maïs, le xérès et les oignons verts. Partager également le mélange entre les 4 filets.

3. Verser le beurre fondu dans un wok ou une poêle et faire cuire les œufs jusqu'à ce qu'ils soient légèrement brouillés. Les étaler également sur le mélange aux crevettes.

4. Rouler les filets en paupiettes en commençant par le plus gros bout. Attacher avec des cure-dents.

5. Déposer les paupiettes dans la partie supérieure d'un couscoussier ou d'une poissonnière, et remplir la partie inférieure d'eau bouillante. Faire cuire 10 à 12 minutes à la vapeur, ou jusqu'à ce que le poisson soit cuit. Retirer les cure-dents et servir aussitôt.

Étape 3 Faire brouiller légèrement les œufs à feu doux, en remuant sans cesse.

Étape 4 Rouler délicatement les filets en commençant par le bout le plus épais, et les attacher avec un cure-dents pour la cuisson.

Notes du chef

Temps
Comptez environ 25 minutes de préparation et 10 à 12 minutes de cuisson.

Service
Accompagnez de pommes de terre nouvelles et d'une salade composée.

Préparation
Lorsque vous dépouillez les filets de leur peau, prenez garde à l'angle de votre couteau pour ne pas couper la chair. Placez toujours la lame en biais, vers la peau.

Conseil
Étendre plus de farce sur le bout épais des filets pour qu'elle ne tombe pas durant la cuisson.

POUR 4 PERSONNES

GRATIN DE SARDINES ET DE TOMATES

Des sardines fraîches font de ce plat un délice tout à fait exceptionnel.

45 mL (3 c. à s.) d'huile d'olive
900 g (2 lb) de grosses sardines fraîches, écaillées et nettoyées
2 poireaux, nettoyés et émincés
125 mL (1/2 tasse) de vin rouge sec
225 g (1/2 lb) de tomates épluchées et en quartiers
Sel et poivre
30 mL (2 c. à s.) de chacun des aromates suivants, haché: basilic et persil
125 mL (1/2 tasse) de parmesan râpé
125 mL (1/2 tasse) de chapelure

1. Faire chauffer l'huile dans une poêle et faire cuire les sardines jusqu'à ce qu'elles soient bien dorées des 2 côtés. Si nécessaire, faire cuire les sardines en plusieurs groupes pour ne pas les briser pendant la cuisson.

2. Mettre de côté toutes les sardines cuites. Ajouter les poireaux à la poêle et les faire cuire dans l'huile des sardines jusqu'à ce qu'ils soient tendres. Verser le vin et porter à ébullition rapidement pour le faire réduire des 2/3.

3. Incorporer les tomates, le sel, le poivre et les aromates et faire cuire 1 minute. Verser les légumes dans un plat à gratin et étaler les sardines par-dessus.

4. Parsemer uniformément le fromage et la chapelure sur les sardines. Enfourner dans un four préchauffé à 220 °C (425 °F), et cuire environ 5 minutes.

Étape 1 Faire cuire quelques sardines à la fois pour éviter qu'elles ne se brisent pendant la cuisson.

Étape 4 Parsemer uniformément le fromage et la chapelure sur les sardines avant de les faire cuire.

Notes du chef

Temps
Comptez environ 20 à 25 minutes de préparation et 15 minutes de cuisson.

Variante
Remplacez les sardines par des maquereaux ou des harengs. Ils prendront un peu plus longtemps à cuire.

Service
Coupez en longueur quelques filets d'anchois et placez-les en treillis sur le dessus du gratin. Accompagnez de pain à l'ail chaud.

Congélation
On peut congeler les sardines jusqu'à 2 mois, mais vous devez les écailler et les nettoyer au préalable.

POUR 4 PERSONNES

CARI DE MORUE

Ce mélange d'épices plus ou moins corsé rehausse la saveur du cabillaud.

1 gros oignon, haché
45 mL (3 c. à s.) d'huile végétale
1 bâton de cannelle de 2,5 cm (1 po)
1 feuille de laurier
15 mL (1 c. à s.) de gingembre en poudre
5 mL (1 c. à t.) de purée d'ail
5 mL (1 c. à t.) de chili en poudre
5 mL (1 c. à t.) de cumin en poudre
5 mL (1 c. à t.) de coriandre en poudre
1 mL (1/4 c. à t.) de curcuma en poudre
125 mL (1/2 tasse) de yogourt nature OU
300 mL (1 1/4 tasse) de tomates en conserve, hachées
1 à 2 petits piments verts, hachés
2 branches de feuilles de coriandre fraîche, hachées
5 mL (1 c. à t.) de sel
450 g (1 lb) de filets de morue, en tronçons de 5 cm (2 po)

1. Dans une grande casserole ou une poêle à fond épais, faire dorer l'oignon dans l'huile chaude. Ajouter la cannelle, le laurier, le gingembre et l'ail. Faire cuire 1 minute.

2. Ajouter les épices et les aromates en poudre, et prolonger la cuisson 1 minute. Incorporer *ou* le yogourt *ou* les tomates et les piments et les feuilles de coriandre.

3. Seulement si le yogourt est utilisé, verser 125 mL (1/2 tasse) d'eau et laisser mijoter 2 à 3 minutes. Ne pas ajouter d'eau aux tomates en conserve.

Étape 1 Faire frire la cannelle, le laurier, le gingembre et l'ail avec l'oignon pendant 1 minute.

Étape 4 Bien remuer les tronçons de morue dans la sauce pour les enrober avant de les faire cuire.

4. Remuer les tronçons de morue dans la sauce et saupoudrer de sel. Couvrir et laisser mijoter 10 à 12 minutes avant de servir.

Notes du chef

Temps
Comptez environ 15 minutes de préparation et 15 minutes de cuisson.

Conseil
Soyez prudents en utilisant les piments frais. Lavez-vous toujours les mains après les avoir manipulés et évitez que le jus n'atteigne vos yeux. Si cela se produit, rincez bien à l'eau froide. Pour un cari plus doux, enlevez les graines et pour un cari plus fort, laissez-les.

Service
Servir avec du riz bouilli et une marinade au concombre.

POUR 6 PERSONNES

CREVETTES AU GINGEMBRE

Facile et rapide à préparer, ce plat est vraiment délicieux et aussi très nutritif.

30 mL (2 c. à s.) d'huile
700 g (1 1/2 lb) de crevettes décortiquées
1 morceau de 2,5 cm (1 po) de gingembre frais, épluché et haché fin
2 gousses d'ail, épluchées, écrasées et hachées
2 à 3 oignons verts, hachés
1 blanc de poireau, en lanières
175 mL (3/4 tasse) de petits pois frais, écossés
750 mL (3 tasses) de germes de soya
30 mL (2 c. à s.) de sauce soya
5 mL (1 c. à t.) de sucre
1 pincée de sel

1. Faire chauffer l'huile dans un wok. Faire sauter les crevettes 2 à 3 minutes. Mettre les crevettes de côté.

2. Remuer rapidement le gingembre et l'ail dans le wok chaud. Ajouter les oignons verts, le poireau et les petits pois. Faire sauter 2 à 3 minutes.

3. Ajouter les germes de soya et les crevettes cuites. Incorporer la sauce soya, le sucre et le sel. Faire cuire 2 minutes. Servir aussitôt.

Étape 2 Faire sauter 2 à 3 minutes les oignons verts, le poireau et les petits pois.

Étape 3 Faire cuire tous les ingrédients pendant 2 minutes avant de servir.

Notes du chef

Temps
Comptez environ 10 minutes de préparation et 7 à 9 minutes de cuisson.

Préparation
Vous pouvez faire cuire les légumes à l'avance. Conservez-les jusqu'à 6 heures au réfrigérateur, dans un contenant de plastique hermétique.

Service
Servez tel quel ou accompagnez d'un riz ou d'une pâte ou comme part intégrante d'un repas authentiquement chinois.

POUR 4 PERSONNES

TRUITE MEUNIÈRE AUX AROMATES

On raconte que... le meunier pêchait la truite fraîche au ruisseau du moulin
et sa femme utilisait la farine à leur portée pour les enrober avant la cuisson.

4 truites d'égale grosseur, évidées et nettoyées
Farine
Sel et poivre
125 mL (1/2 tasse) de beurre
Jus de 1 citron
30 mL (2 c. à s.) d'aromates frais et hachés tels que:
   persil, cerfeuil, estragon, thym ou marjolaine
Quartiers de citron pour garnir

1. Tailler les queues des truites pour les rendre plus pointues.
Bien rincer les truites et les essuyer.

2. Passer les truites dans la farine et les secouer pour retirer
l'excédent. Saler, poivrer. Faire chauffer la moitié du beurre
dans une grande sauteuse et, dès qu'il mousse, y mettre les
truites. Il sera peut-être nécessaire de faire cuire les truites
en 2 groupes pour ne pas surcharger la sauteuse.

3. Les faire cuire à feu moyen-vif, pour bien les dorer des
2 côtés. Dépendant du poids, les truites prennent 5 à 8 minutes de cuisson de chaque côté. L'arête dorsale s'enlève
facilement lorsque le poisson est cuit. Disposer les truites sur
un plat de service et garder au chaud.

4. Essuyer la sauteuse et y faire dorer le beurre qui reste, à
feu moyen. Ajouter le jus de citron et les aromates. À l'ajout
du jus de citron, le beurre pétillera. Verser aussitôt la sauce
sur le poisson. Garnir de quartiers de citron.

Étape 1 Tailler les queues de poisson pour embellir leur apparence.

Étape 2 Fariner les truites et les secouer pour retirer l'excédent.

Étape 3 Faire dorer les truites des 2 côtés. Lorsque le poisson est cuit, l'arête dorsale s'enlève facilement.

Notes du chef

Temps
Comptez 15 à 20 minutes de
préparation et 5 à 8 minutes
de cuisson de chaque côté
et 5 minutes pour dorer le
beurre.

Préparation
Farinez les truites au
moment de les cuire
seulement.

Service
Accompagnez de pommes
de terre nouvelles, de
concombre sauté au beurre
et d'aneth frais.

POUR 6 PERSONNES

RIZ AUX CREVETTES ET AUX ŒUFS

Servez tel quel pour un lunch ou un dîner plein de saveur
ou comme faisant partie d'un repas chinois élaboré.

500 mL (2 tasses) de riz à grains longs
2 œufs
2 mL (1/2 c. à t.) de sel
60 mL (4 c. à s.) d'huile
1 gros oignon, haché
2 gousses d'ail, épluchées, écrasées et hachées
125 g (1/4 lb) de crevettes, décortiquées
50 mL (1/4 tasse) de petits pois frais, écossés
2 oignons verts, hachés
30 mL (2 c. à s.) de sauce soya

Étape 4 Faire cuire l'oignon et les œufs doucement, jusqu'à ce que les œufs soient légèrement pris.

2. Porter à ébullition, remuer 1 fois et réduire le feu. Couvrir et laisser mijoter 15 minutes, ou jusqu'à ce que le liquide soit complètement absorbé.

3. Rincer le riz à l'eau froide et l'égrener à la fourchette.

4. Battre les œufs et 1 pincée de sel. Faire chauffer 15 mL (1 c. à s.) d'huile dans un wok et faire cuire l'oignon jusqu'à ce qu'il soit tendre. Verser les œufs et remuer délicatement jusqu'à ce qu'ils soient pris. Mettre les œufs de côté.

5. Faire chauffer une autre cuillerée d'huile. Faire sauter l'ail, les crevettes, les petits pois et les oignons verts pendant 2 minutes. Retirer du wok et mettre de côté.

6. Faire chauffer l'huile qui reste dans le wok. Ajouter le riz et le reste du sel. Remuer et réchauffer rapidement. Incorporer le mélange aux crevettes et la sauce soya. Servir aussitôt.

Étape 3 Rincer le riz cuit à l'eau froide et l'égrener avec une fourchette.

1. Bien rincer le riz et le mettre dans une casserole. Ajouter assez d'eau pour dépasser le riz de 2,5 cm (1 po).

Notes du chef

Temps
Comptez environ 20 minutes de préparation et 20 minutes de cuisson.

Variante
Remplacez les petits pois par des poivrons rouges ou des grains de maïs.

Congélation
On peut faire cuire et congeler le riz jusqu'à 6 semaines. Faites dégeler le riz et rincez-le avant de l'utiliser.

POUR 4 PERSONNES

MAQUEREAU FARCI

Voici une recette toute indiquée pour les personnes vivant près de la mer,
car le maquereau devrait toujours se manger le jour de son achat.

60 mL (4 c. à s.) de beurre
1 petit oignon, haché fin
15 mL (1 c. à s.) de farine d'avoine
75 mL (1/3 tasse) de chapelure fraîche de blé entier
7 mL (1 1/2 c. à t.) de thym haché
7 mL (1 1/2 c. à t.) de persil haché
Sel marin et poivre noir fraîchement moulus
30 à 45 mL (2 à 3 c. à s.) d'eau chaude, si nécessaire
4 maquereaux, nettoyés et soigneusement lavés

3. Farcir la cavité des poissons et envelopper chacun dans une feuille de papier d'aluminium bien beurrée.

4. Ranger chaque paquet dans un plat à rôtir ou une tôle à biscuits. Cuire 30 minutes, dans un four préchauffé à 190 °C (375 °F).

Étape 2 Ajouter l'avoine, la chapelure, les aromates, le sel et le poivre. Bien mélanger pour obtenir une farce ferme en ajoutant un peu d'eau chaude, si nécessaire, pour la lier.

Étape 1 Faire suer l'oignon sans le colorer.

Étape 3 Remplir de farce chaque cavité des maquereaux. Bien pousser la farce pour préserver leur forme.

1. Faire fondre le beurre dans une grande poêle. Faire cuire l'oignon jusqu'à ce qu'il soit tendre, mais non doré.

2. Ajouter la farine d'avoine, la chapelure, les aromates, le sel et le poivre. Bien mélanger pour obtenir une farce ferme, en ajoutant un peu d'eau, si nécessaire, pour lier.

Notes du chef

Temps
Comptez environ 15 minutes de préparation et 30 minutes de cuisson.

Variante
Utilisez cette farce pour les harengs ou la blanchaille.

Service
Servez ce poisson garni de cresson et accompagné de pommes de terre nouvelles.

POUR 4 PERSONNES

POISSON FRIT À LA NOIX DE COCO ET AU PIMENT

Un délice pour les personnes friandes de mets épicés.

Huile pour la friture
450 g (1 lb) de filets de sole, sans peau, désossés et
    en lanières de 2,5 cm (1 po)
Farine assaisonnée
1 œuf, battu
175 mL (3/4 tasse) de noix de coco râpée
15 mL (1 c. à s.) d'huile végétale
5 mL (1 c. à t.) de gingembre frais râpé
1 petit piment rouge, épépiné et haché fin
1 mL (1/4 c. à t.) de chili en poudre
5 mL (1 c. à t.) de coriandre en poudre
2 mL (1/2 c. à t.) de muscade râpée
1 gousse d'ail, épluchée, écrasée et hachée
30 mL (2 c. à s.) de pâte de tomates
30 mL (2 c. à s.) de chutney aux tomates
30 mL (2 c. à s.) de sauce soya
30 mL (2 c. à s.) de jus de citron
30 mL (2 c. à s.) d'eau
5 mL (1 c. à t.) de cassonade
Sel et poivre

1. Dans une friteuse ou une poêle profonde, faire chauffer 5 cm (2 po) d'huile à 190 °C (375 °F). Passer les lanières de poisson dans la farine et les tremper dans l'œuf battu. Les rouler dans la noix de coco râpée et secouer l'excédent.

2. Faire frire le poisson dans l'huile chaude, quelques lanières à la fois. Les égoutter sur du papier absorbant et les garder au chaud.

Étape 1 Passer le poisson dans la farine, le tremper dans l'œuf battu et le rouler dans la noix de coco. Enrober le poisson qu'au moment de le faire cuire.

Étape 2 Faire frire quelques morceaux de poisson à la fois pour qu'il ne se brise pas durant la cuisson.

3. Faire chauffer 15 mL (1 c. à s.) d'huile dans un wok ou une poêle. Faire cuire le gingembre, le piment, les épices et aromates et l'ail, environ 2 minutes.

4. Ajouter le reste des ingrédients et laisser mijoter 3 minutes. Servir le poisson avec la sauce présentée dans des bols individuels.

 *Notes du chef*

 Temps
Comptez environ 30 minutes de préparation et 30 minutes de cuisson.

 Conseil
Manipulez toujours le piment avec prudence pour éviter que le jus n'atteigne vos yeux. Si cela survient, rincez soigneusement à l'eau froide.

 Variante
Remplacez la sole par de l'aiglefin ou de la baudroie.

 Service
Accompagnez d'un riz bouilli, de concombres marinés et d'une salade verte.

Chapitre IV

SPÉCIALITÉS RÉGIONALES

POUR 4 PERSONNES

DARNES DE THON ENVELOPPÉES

Cette recette utilise une technique dite «en papillote».
Une façon saine de cuire les aliments et d'en sceller toute la saveur.

Huile
4 darnes de thon, de 225 g (8 oz) chacune
1 oignon rouge, émincé
1 grosse tomate, coupée en 4 tranches
4 fines rondelles de poivron vert
8 grosses crevettes fraîches, décortiquées
10 mL (2 c. à t.) d'origan frais, haché fin
1 piment vert ou rouge, épépiné et haché fin
Sel
50 mL (1/4 tasse) de vin blanc ou jus de citron

6. Ourler la bordure pour bien sceller. Placer les papillotes sur une tôle à pâtisserie.

7. Enfourner et faire cuire 10 à 12 minutes, dans un four préchauffé à 190 °C (375 °F).

8. Développer chaque papillote à table, et servir.

Étapes 1 à 4 Étager les ingrédients sur une feuille de papier ciré huilée.

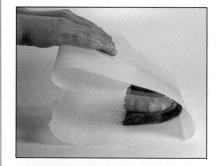

Étape 5 Refermer les papillotes sans trop serrer.

1. Huiler légèrement 4 morceaux de papier ciré ovales, d'environ 20 x 25 cm (8 x 10 po).

2. Déposer une darne de thon sur la moitié de chaque papier et recouvrir de 2 rondelles d'oignon.

3. Ajouter 1 tranche de tomate et 1 rondelle de poivron.

4. Disposer 2 crevettes sur le poisson. Parsemer d'origan, de sel et de piment haché.

5. Arroser de vin ou de jus de citron. Refermer les papillotes.

Étape 6 Avec le pouce et l'index, pincer et ourler le bord pour bien sceller la papillote.

Notes du chef

 Temps
Comptez environ 35 minutes de préparation et 10 à 12 minutes de cuisson.

 Préparation
Vous pouvez préparer les papillotes jusqu'à 6 heures à l'avance, et les réfrigérer. Sortez-les du réfrigérateur 30 minutes avant la cuisson pour que le poisson soit à la température ambiante.

 Variante
Remplacez le thon par de l'espadon ou du flétan. Tout légume finement tranché peut être utilisé, à l'exception des pommes de terre.

POUR 4 PERSONNES

LANGOUSTINES À LA SAUCE AURORE

Le nom provient de la sauce rosée de ce plat.
Un merveilleux délice pour les grands dîners.

90 mL (6 c. à s.) de beurre ou margarine
1 petit oignon, haché
450 g (1 lb) de langoustines ou crevettes, décortiquées
90 mL (6 c. à s.) de farine
250 mL (1 tasse) d'eau ou fumet de poisson
15 mL (1 c. à s.) de pâte de tomates
30 mL (2 c. à s.) de persil haché
10 mL (2 c. à t.) d'aneth haché
Sel et poivre
10 mL (2 c. à t.) de tabasco ou au goût
Riz cuit

Étape 1 Faire cuire l'oignon et les langoustines, à feu moyen, pendant 3 minutes.

1. Faire fondre la moitié du beurre. Faire suer légèrement l'oignon. Ajouter les langoustines et faire cuire 3 minutes, à feu moyen. Verser dans un bol.

2. Faire fondre le reste du beurre dans la casserole. Incorporer la farine et la faire dorer lentement, en remuant.

3. Verser l'eau graduellement et remuer rapidement au fouet. Incorporer la pâte de tomates et porter à ébullition. Ajouter le persil, l'aneth, le sel, le poivre, le tabasco. Remettre l'oignon et les langoustines dans la sauce. Faire chauffer 4 minutes, et servir sur un lit de riz.

Étape 3 Ajouter l'eau graduellement, en remuant vigoureusement. Le mélange doit être très épais.

Étape 3 Remettre les langoustines et l'oignon dans la sauce. Leur jus éclaircira la sauce.

Notes du chef

Temps
Comptez environ 20 minutes de préparation et 20 minutes de cuisson.

À surveiller
Les fruits de mer durcissent très vite lorsqu'ils sont cuits trop longtemps ou à chaleur vive.

Préparation
La sauce doit être très épaisse, alors ajoutez l'eau graduellement. En réserver pour l'ajouter lorsque la sauce commence à bouillir.

POUR 4 PERSONNES

TARTELETTES AUX CREVETTES

Si vous êtes friands de crevettes, ces tartelettes sauront vous plaire.

Pâte
500 mL (2 tasses) de farine, tamisée
1 pincée de sel
125 à 175 mL (1/2 à 3/4 tasse) de beurre ou margarine
Eau froide

Garniture
7 mL (1/2 c. à s.) de chacune des épices suivantes:
  clous de girofle, grains de piment de la Jamaïque,
  graines de coriandre et de moutarde
450 g (1 lb) de crevettes fraîches décortiquées
45 mL (3 c. à s.) d'huile et de farine
1/2 poivron vert, épépiné et en petits dés
2 oignons verts, hachés fin
1 branche de céleri, hachée fin
250 mL (1 tasse) de crème légère
Sel et poivre

Étape 6 Rouler la pâte mince et foncer les moules à tartelettes.

1. Tamiser la farine et le sel dans un bol. Incorporer le beurre jusqu'à ce que le mélange ressemble à de la fine chapelure. Ajouter assez d'eau froide pour lier la pâte. Pétrir en boule, bien envelopper et réfrigérer 30 minutes avant l'utilisation.

2. Combiner les épices avec 625 mL (2 1/2 tasses) d'eau. Porter à ébullition et ajouter les crevettes. Faire cuire 4 minutes, à feu doux, en remuant 1 fois. Les égoutter du liquide et les mettre de côté.

3. Faire chauffer l'huile dans une petite casserole. Incorporer la farine et cuire, à feu moyen, en remuant sans cesse, jusqu'à ce que la farine soit bien dorée.

4. Ajouter le reste des ingrédients de la garniture, en remuant constamment à l'ajout de la crème. Porter à ébullition, réduire la chaleur et cuire 5 minutes. Remettre les crevettes dans la sauce.

5. Diviser la pâte en 4 et, sur une surface bien farinée, rouler chaque portion à environ 5 mm (1/4 po) d'épaisseur.

6. Foncer des moules individuels en pressant la pâte au fond et contre les côtés, sans l'étirer. Découper le surplus de pâte et réserver.

7. Placer un papier ciré dans les tartelettes et les remplir à moitié de riz ou de haricots secs. Enfourner et faire cuire à blanc, environ 10 minutes, dans un four préchauffé à 200 °C (400 °F).

8. Enlever les haricots et le papier. Prolonger la cuisson de 5 minutes pour cuire le fond.

9. Remplir les tartelettes de garniture. Rouler la pâte qui reste et la couper en lanières. Les placer en treillis sur le dessus des tartelettes. Remettre au four et faire cuire 6 à 7 minutes. Laisser refroidir légèrement avant de servir.

Notes du chef

Temps
Comptez environ 30 minutes de préparation, 10 minutes de cuisson pour la garniture et 21 à 22 minutes pour les tartelettes.

Conseil
La cuisson des fonds de tarte à blanc vous permet d'obtenir une pâte croustillante et dorée uniformément, sans trop faire cuire la garniture.

Service
Pour un repas léger, accompagnez les tartelettes d'une belle salade verte assaisonnée.

POUR 4 PERSONNES

CREVETTES À LA CRÉOLE

D'une simplicité déconcertante, ce plat combine tous les ingrédients qui caractérisent la cuisine créole – fruits de mer, ail, tomates, poivrons, aromates et piment.

50 mL (1/4 tasse) d'huile
1 gros poivron vert, épépiné et en morceaux de 2,5 cm (1 po)
2 branches de céleri, émincées
2 oignons moyens, en dés
2 gousses d'ail, épluchées, écrasées et hachées
798 mL (28 oz) de tomates en conserve, grossièrement hachées
2 feuilles de laurier
5 mL (1 c. à t.) de poivre de Cayenne ou de sauce tabasco
1 pincée de sel et de poivre
1 pincée de thym
30 mL (2 c. à s.) de fécule de maïs, diluée dans 45 mL (3 c. à s.) de vin blanc sec
700 g (1 1/2 lb) de crevettes fraîches, décortiquées

1. Verser l'huile dans une grande casserole et ajouter les légumes. Faire cuire quelques minutes, à feu doux, et ajouter l'ail.

2. Incorporer les tomates et leur jus. Ajouter le laurier, le poivre de Cayenne, le sel, le poivre et le thym. Porter à ébullition et laisser mijoter 5 minutes, sans couvrir.

3. Incorporer quelques cuillerées de sauce tomate à la fécule de maïs diluée. Verser le tout dans la casserole. Porter à ébullition et remuer sans cesse, jusqu'à épaississement.

4. Ajouter les crevettes et couvrir. Laisser mijoter 6 à 8 minutes, à feu doux, ou jusqu'à ce que les crevettes soient cuites.

5. Retirer le laurier avant de servir. Présenter sur un riz vapeur.

Étape 1 Faire cuire les légumes dans l'huile chaude, jusqu'à ce qu'ils soient tendres, et ajouter l'ail.

Étape 3 Incorporer quelques cuillerées combles de sauce tomate à la fécule de maïs diluée.

Étape 4 Mettre les crevettes dans la sauce et les faire cuire jusqu'à ce qu'elles soient rosées.

Notes du chef

Temps
Comptez environ 25 minutes de préparation et 16 à 18 minutes de cuisson.

Conseil
Ne faites pas cuire trop longtemps les crevettes, car elles durciront.

Variante
Remplacez les crevettes fraîches par une même quantité de poisson à chair ferme cuit ou de volaille cuite.

POUR 6 PERSONNES

GUMBO AUX FRUITS DE MER

Les Américains de la Louisiane raffolent de ce plat piquant de la cuisine cajun.

450 g (1 lb) de crevettes cuites
7 mL (1/2 c. à s.) de chacune des épices suivantes:
    clous de girofle, grains de piment de la Jamaïque,
    graines de coriandre et de moutarde
1,2 L (5 tasses) d'eau
60 mL (4 c. à s.) de beurre ou margarine
1 oignon, émincé
1 poivron vert, épépiné et émincé
2 gousses d'ail, épluchées, écrasées et hachées
45 mL (3 c. à s.) de farine
2 mL (1/2 c. à t.) de thym
1 feuille de laurier
30 mL (2 c. à s.) de persil haché
1 soupçon de sauce Worcestershire
12 huîtres, décoquillées
225 g (1/2 lb) de tomates épluchées et hachées
Sel et poivre
Riz cuit

Étape 1 Ajouter les carapaces entières des crevettes au mélange d'épices et d'eau.

1. Décortiquer et déveiner les crevettes. Réserver les carapaces. Dans une grande casserole, mélanger les carapaces, le mélange d'épices et l'eau. Porter à ébullition. Réduire la chaleur et laisser mijoter 20 minutes. Filtrer le bouillon.

2. Faire fondre le beurre. Ajouter l'oignon, le poivron, l'ail et la farine. Faire cuire lentement, en remuant sans cesse, pour dorer légèrement la farine. Incorporer graduellement le bouillon filtré. Ajouter le thym et la feuille de laurier; bien remuer. Porter à ébullition et laisser mijoter jusqu'à épaississement.

Étape 3 Ajouter les huîtres fraîches au gumbo. Si désiré, ajouter l'eau des huîtres en la filtrant dans une fine passoire.

3. Ajouter le persil et la sauce Worcestershire au goût. Incorporer les huîtres, les crevettes et les tomates. Faire chauffer doucement pour cuire les huîtres.

4. Corriger l'assaisonnement et servir sur du riz.

Notes du chef

Temps
Comptez environ 25 à 30 minutes de préparation et 20 à 25 minutes de cuisson.

Variante
Si désiré, utilisez des crevettes fraîches. Faites-les cuire dans l'eau et le mélange d'épices. Égouttez-les et réservez le liquide. Décortiquez les crevettes et remettez les carapaces dans le bouillon. Reportez à ébullition et laissez mijoter 15 minutes.

Conseil
Pour un gumbo plus épais, mélangez une quantité égale de beurre et de farine. Vers la fin de la cuisson, incorporez peu à peu ce mélange, jusqu'à l'épaississement voulu de la sauce.

POUR 4 À 6 PERSONNES

JAMBALAYA

Plat typique de la cuisine créole qui vous permet de varier les ingrédients –
saucisson à l'ail, poulet, jambon. Allez-y de votre touche personnelle.

30 mL (2 c. à s.) de beurre ou margarine
30 mL (2 c. à s.) de farine
1 oignon moyen, haché fin
1 gousse d'ail, épluchée, écrasée et hachée
1 poivron rouge, épépiné et haché fin
398 mL (14 oz) de tomates en conserve,
    hachées grossièrement
1 L (4 tasses) de fumet de poisson ou bouillon de poulet
1 mL (1/4 c. à t.) de gingembre en poudre
1 pincée de piment de la Jamaïque
5 mL (1 c. à t.) de thym frais haché
    ou 2 mL (1/2 c. à t.) de thym séché
1 mL (1/4 c. à t.) de poivre de Cayenne
1 pincée de sel
1 soupçon de tabasco
150 mL (2/3 tasse) de riz
900 g (2 lb) de crevettes fraîches, décortiquées
    et déveinées
2 oignons verts, hachés pour la garniture

1. Faire fondre le beurre dans une casserole à fond épais.
Incorporer la farine et faire dorer, à feu doux. Ajouter l'oignon, l'ail et le poivron. Faire cuire jusqu'à ce qu'ils soient
tendres.

2. Incorporer les tomates et leur jus. Ajouter le fumet et bien
remuer. Incorporer le gingembre, le piment de la Jamaïque,
le thym, le poivre de Cayenne, le sel et le tabasco. Porter à
ébullition. Laisser bouillir 2 minutes, en remuant.

3. Ajouter le riz et bien remuer. Couvrir et faire cuire 15 à
20 minutes, ou jusqu'à ce qu'il soit tendre et qu'il ait absorbé
la plupart du liquide.

4. Dix minutes avant la fin de la cuisson, ajouter les crevettes. Rectifier l'assaisonnement. Servir et parsemer d'oignons
verts.

Étape 1 Faire cuire
le roux, jusqu'à ce
qu'il devienne doré.

Étape 3 Verser le
riz sec directement
dans la sauce, et
bien remuer.

Notes du chef

Temps
Comptez environ 40 minutes
de préparation et 25 à
30 minutes de cuisson.

Conseil
S'il reste trop de liquide
avant l'ajout des crevettes,
retirez le couvercle et faites
bouillir 5 minutes, en
remuant 1 ou 2 fois, ceci
pour faire évaporer le liquide.

Variante
Si désiré, utilisez des
tomates fraîches, épluchées,
épépinées et hachées.
Augmentez la quantité du
fumet par 125 mL
(1/2 tasse). Remplacez le
poivron rouge par un vert.

CREVETTES ET PÉTONCLES SAUTÉS

Les pignons et les épinards offrent un complément sans pareil à ce plat.

45 mL (3 c. à s.) d'huile

60 mL (4 c. à s.) de pignons

450 g (1 lb) de crevettes fraîches

450 g (1 lb) de pétoncles

10 mL (2 c. à t.) de gingembre frais, haché

1 piment rouge ou vert, épépiné et haché fin

2 gousses d'ail, épluchées, écrasées et hachées

1 gros poivron rouge, épépiné et coupé en biais en
    morceaux de 2,5 cm (1 po)

225 g (1/2 lb) d'épinards frais, les queues éliminées
    et les feuilles bien lavées et émincées

4 oignons verts, coupés en biais en morceaux
    de 1 cm (1/2 po)

50 mL (1/4 tasse) de fumet de poisson ou bouillon de poulet

50 mL (1/4 tasse) de sauce soya

50 mL (1/4 tasse) de xérès ou alcool de riz chinois

15 mL (1 c. à s.) de fécule de maïs

1. Faire chauffer l'huile dans un wok et ajouter les pignons. Faire dorer, à feu doux, en remuant sans cesse. Enlever et égoutter sur un papier absorbant.

2. Mettre les crevettes et les pétoncles dans le wok encore chaud. Faire cuire, à feu moyen, jusqu'à ce que les pétoncles soient opaques et les crevettes, roses.

3. Ajouter le gingembre, le piment, l'ail et le poivron. Faire cuire quelques minutes, à feu moyen.

4. Faire cuire rapidement les épinards et les oignons verts. Mélanger le reste des ingrédients, et les verser dans le wok.

5. Porter rapidement à ébullition, à feu vif, en remuant sans cesse. Dès que le liquide a épaissi, incorporer les pignons. Servir aussitôt.

Étape 1 Faire dorer les pignons dans l'huile chaude.

Étape 2 Faire cuire les fruits de mer, jusqu'à ce que les pétoncles perdent leur transparence et que les crevettes soient rosées.

Étape 5 Quand tous les ingrédients sont ajoutés, les faire cuire rapidement pour épaissir la sauce.

Notes du chef

Temps
Comptez environ 35 minutes de préparation et 8 à 10 minutes de cuisson.

Préparation
Considérant la rapidité de cuisson de ce plat, assurez-vous que tous vos ingrédients soient prêts avant de commencer.

Épargne
Éliminez les pétoncles et coupez la quantité des crevettes de moitié. Remplacez les mêmes quantités par un poisson à chair ferme, détaillé en cubes de 2,5 cm (1 po).

POUR 4 À 6 PERSONNES

MARMITE DE FRUITS DE MER

Les piments séchés donnent du piquant à ce délice sans pareil.

3 L (12 tasses) d'eau
1 citron, en quartiers
1 oignon non épluché, en moitiés
1 céleri, coupé en 3 morceaux
2 gousses d'ail entières, épluchées
1 pincée de sel
4 feuilles de laurier, broyées fin
4 petits piments séchés, broyés
15 mL (1 c. à s.) de chacune des épices suivantes:
    clous de girofle, grains de piment de la Jamaïque,
    graines de coriandre et de moutarde
15 mL (1 c. à s.) d'aneth frais ou séché
10 mL (2 c. à t.) de graines de céleri
450 g (1 lb) de crevettes fraîches
900 g (2 lb) de moules, bien brossées

Étape 2 Faire cuire les crevettes dans le liquide bouillant, jusqu'à ce qu'elles deviennent roses.

Étape 3 Bien nettoyer les moules et enlever les byssus.

1. Dans une grande marmite, mettre l'eau, le citron, l'oignon, le céleri, l'ail, le sel, le laurier, les épices et les aromates. Couvrir et porter à ébullition. Réduire la chaleur et faire cuire 20 minutes, à feu doux.

2. Ajouter les crevettes en 2 groupes, et les faire cuire jusqu'à ce qu'elles deviennent roses. Égoutter immédiatement.

3. Ôter le byssus des moules et éliminer les coquilles abîmées.

4. Placer les moules dans la marmite et faire cuire lentement, en remuant souvent, environ 4 à 5 minutes, ou jusqu'à ce que les coquilles s'ouvrent. Jeter les coquilles fermées.

5. Disposer les crevettes et les moules dans des bols de service. Servir aussitôt.

Notes du chef

Temps
Comptez environ 30 minutes de préparation, 20 minutes d'ébullition pour le bouillon et 4 à 5 minutes de cuisson pour chaque groupe de crevettes.

Service
Servez en hors-d'œuvre ou doublez la quantité pour un plat de résistance.

Variante
Utilisez des écrevisses ou des crabes.

POUR 4 PERSONNES

POISSON NOIRCI

Les spécialistes en cuisine cajun ont tous leur propre secret pour le mélange d'épices qu'ils utilisent, mais tous sont d'avis que le poisson bien «noirci» devrait avoir une croûte brune épaisse.

250 g (1 lb) de beurre non salé
4 darnes ou filets de poisson, de 225 g (8 oz) chacune
15 mL (1 c. à s.) de paprika
5 mL (1 c. à t.) de poudre d'ail
5 mL (1 c. à t.) de poivre de Cayenne
2 mL (1/2 c. à t.) de poivre blanc moulu
5 mL (1 c. à t.) de poivre noir moulu
10 mL (2 c. à t.) de sel
5 mL (1 c. à t.) de thym séché

5. Retourner le poisson lorsque le premier côté est noirci. Répéter pour l'autre côté. Ajouter plus de beurre, si nécessaire.

6. Faire cuire les autres morceaux de la même façon et les garder au chaud.

7. Servir aussitôt le poisson et l'accompagner de ramequins de beurre fondu pour tremper.

Étape 2 Utiliser un pinceau à pâtisserie pour badigeonner les 2 côtés du poisson de beurre fondu.

Étape 3 Bien mélanger les épices et les presser fermement sur la chair du poisson.

Étape 5 Faire cuire chaque côté du poisson jusqu'à ce qu'il devienne très foncé.

1. Faire fondre le beurre et partager la moitié entre 4 ramequins. Mettre de côté.

2. Badigeonner le reste du beurre sur les 2 côtés de chaque morceau de poisson.

3. Mélanger ensemble toutes les épices et le thym. Saupoudrer généreusement le mélange sur les 2 côtés du poisson, en le pressant avec les doigts.

4. Faire chauffer une grande poêle. Ajouter environ 15 mL (1 c. à s.) de beurre par morceau de poisson. Dès que le beurre est chaud, ajouter le poisson.

Notes du chef

Temps
Comptez environ 20 minutes de préparation et 2 minutes de cuisson pour chaque côté des filets, ou selon leur grosseur.

Variante
Utilisez des filets ou des darnes de poisson de votre choix, d'une épaisseur d'environ 2 cm (3/4 po).

Préparation
Le poisson doit être très brun des 2 côtés. Laissez cuire chaque côté au moins 2 minutes avant de le retourner.

POUR 4 PERSONNES

HOMARD BOUILLI

Un bon homard est toujours très lourd par rapport à sa taille.
Choisissez-le soigneusement!

Eau
Sel ou algues
4 homards vivants de 450 g (1 lb) chacun
Quartiers de citron
Branches de persil
250 mL (1 tasse) de beurre fondu

Étape 5 Détacher les pinces de la carapace en les tordant, et les casser avec un marteau, un casse-noix ou un outil spécialisé.

1. Remplir une grande marmite d'eau et ajouter le sel ou des algues. Porter à ébullition et éteindre le feu.

2. Plonger les homards vivants dans la marmite, sans toucher aux pinces.

3. Reporter l'eau à ébullition lentement et faire cuire 15 minutes, ou jusqu'à ce qu'ils tournent au rouge foncé.

Étape 6 Séparer le corps de la queue en courbant le dos vers l'arrière. Casser les pattes et en extraire la chair à la fourchette.

Étape 7 Enlever le sac pierreux du coffre. Réserver le foie pour le consommer et, si désiré, récupérer toutes les particules de chair qui pourraient rester.

4. Enlever les homards de l'eau et les laisser égoutter brièvement sur du papier absorbant. Servir dans une grande assiette. Garnir de quartiers de citron et de branches de persil. Accompagner de petits bols de beurre fondu pour tremper la chair.

Notes du chef

Temps
Comptez environ 20 minutes pour le bouillonnement de l'eau et 15 minutes de cuisson.

Préparation
Cette méthode de cuisson endort lentement le homard et rend sa chair plus tendre. Si désiré, craquez les pinces avant de servir.

Conseil
Le homard peut être cuit de cette façon pour une variété de recettes à base de homard pré-cuit.

POUR 4 PERSONNES

FILETS DE MORUE GRILLÉS

Une chapelure croustillante et légèrement épicée relève la saveur
de cet excellent poisson.

Sel et poivre
4 filets de morue de même grosseur
90 mL (6 c. à s.) de beurre, fondu
175 mL (3/4 tasse) de chapelure
5 mL (1 c. à t.) de moutarde en poudre
5 mL (1 c. à t.) de sel d'oignon
1 soupçon de sauce Worcestershire et de tabasco
30 mL (2 c. à s.) de jus de citron
15 mL (1 c. à s.) de persil haché

Étape 1 Saler, poivrer le poisson et le badigeonner de beurre fondu. Griller légèrement au four.

Étape 3 Avec les mains ou le dos d'une cuiller, presser légèrement la chapelure sur la chair.

1. Saler, poivrer les filets et les placer sur la grille d'un plat à rôtir. Les badigeonner de beurre et les faire griller 5 minutes.

2. Combiner le reste du beurre avec les autres ingrédients.

3. Placer délicatement le mélange sur chaque filet pour les recouvrir complètement. Presser légèrement avec les doigts pour que la chapelure tienne bien. Remettre les filets sous le gril et les faire cuire 5 à 7 minutes, ou jusqu'à ce que la chapelure soit dorée et que le poisson s'émiette.

Notes du chef

Temps
Comptez environ 15 minutes de préparation et 12 minutes de cuisson.

Préparation
Si désiré, faites cuire le poisson au four, à 180 °C (350 °F). Recouvrez le poisson d'un papier d'aluminium et faites-le cuire 5 minutes. Retirez le papier et prolongez la cuisson 10 à 12 minutes.

Variante
Utilisez le mélange de chapelure avec d'autres poissons tels que aiglefin, flétan, sole.

POUR 4 PERSONNES

TRUITES FARCIES AUX HUÎTRES

Trois différentes sortes de poivre rendent cette farce assez épicée.
Si vous le désirez, variez-en la quantité comme bon vous semble.

4 truites entières de 225 g (8 oz) chacune, vidées
125 mL (1/2 tasse) de beurre ou de margarine
1 oignon, haché fin
2 branches de céleri, hachées fin
1 petit poivron rouge, épépiné et haché fin
4 oignons verts, hachés fin
1 gousse d'ail, épluchée, écrasée et hachée fin
12 huîtres fraîches
1 mL (1/4 c. à t.) de poivre blanc
1 mL (1/4 c. à t.) de poivre de Cayenne
1 mL (1/4 c. à t.) de poivre noir
5 mL (1 c. à t.) d'aneth frais haché
10 mL (2 c. à t.) de persil haché
250 mL (1 tasse) de chapelure
2 petits œufs, légèrement battus
1 pincée de sel

1. Bien laver la cavité des truites et les assécher.

2. Faire fondre la moitié du beurre dans une casserole de grandeur moyenne. Ajouter l'oignon, le céleri, le poivron, les oignons verts et l'ail. Faire cuire 3 minutes, à feu moyen.

3. Décoquiller les huîtres. Filtrer et réserver leur jus. Ajouter les huîtres aux légumes et les faire cuire 2 minutes, en les brisant en gros morceaux pendant qu'elles cuisent. Incorporer les poivres, l'aneth et le persil.

4. Retirer du feu. Ajouter la chapelure et, graduellement, incorporer juste assez d'œufs battus pour lier la farce. Saupoudrer de sel.

Étape 1 Tailler la queue des truites pour une plus belle présentation. Bien laver les truites et les assécher.

Étape 5 Remplir les cavités de farce.

5. Farcir chaque cavité des truites et les disposer dans un plat allant au four.

6. Napper du reste de beurre et enfourner, sans couvrir, dans un four préchauffé à 180 °C (350 °F). Faire cuire 25 minutes. Si désiré, faire dorer quelques minutes sous le gril avant de servir.

Notes du chef

Temps
Comptez environ 30 minutes de préparation et 30 minutes de cuisson.

Variante
Utilisez du bar, des rougets ou des mulets.

Épargne
Omettez les huîtres ou remplacez-les par des moules. Si désiré, utilisez des huîtres en conserve.

POUR 4 PERSONNES

ROUGETS AU FENOUIL ET SALADE À L'ORANGE

La garniture à l'orange fait de ce plat un excellent choix pour un repas estival.

4 rougets, nettoyés
Huile
Jus de 1 citron
2 bulbes de fenouil
2 oranges
45 mL (3 c. à s.) d'huile végétale
1 pincée de sucre, sel et poivre noir

Étape 1 Faire 3 incisions sur les deux côtés du poisson.

1. Badigeonner les 2 côtés des rougets d'huile, et faire 3 incisions sur chacun. Arroser d'un peu de jus de citron, réserver le restant.

2. Trancher les bulbes en 2 et enlever la base dure. Émincer les bulbes et la partie verte, et hacher les feuilles pour la vinaigrette.

3. Peler les oranges et enlever la membrane blanche.

4. Au-dessus d'un bol pour recevoir leur jus, détailler les oranges en sections.

5. Incorporer le jus de citron au jus des oranges. Ajouter l'huile végétale, le sel, le poivre et une pincée de sucre. Bien mélanger et ajouter le fenouil émincé et le feuillage haché et les oranges. Remuer délicatement. Faire griller le poisson 3 à 5 minutes de chaque côté ou selon la grosseur. Servir le poisson entier et accompagner de la salade d'oranges.

Étape 2 Couper les bulbes en 2 et enlever la base dure.

Étape 4 Peler et couper les oranges en sections au-dessus d'un bol, pour recueillir leur jus.

Notes du chef

Temps
Comptez environ 30 minutes de préparation et 6 à 10 minutes de cuisson.

Variante
Remplacez les rougets par des mulets ou des truites entières.

Conseil
Lorsque vous faites griller des poissons entiers, incisez plusieurs fois les filets des 2 côtés pour obtenir une cuisson plus uniforme.

POUR 6 À 8 PERSONNES

CIOPPINO

Très populaire en Californie, ce plat, d'héritage italien,
est aussi un très proche parent de la bouillabaisse.

450 g (1 lb) d'épinards, bien lavés

15 mL (1 c. à s.) de chacun des aromates suivants, haché:
basilic, thym, romarin et sauge

30 mL (2 c. à s.) de marjolaine fraîche

60 mL (4 c. à s.) de persil haché

1 gros poivron rouge, épépiné et haché fin

2 gousses d'ail, épluchées, écrasées et hachées

24 grosses palourdes ou 48 moules, bien brossées

1 gros crabe

450 g (1 lb) de baudroie ou loup de mer

12 grosses crevettes fraîches

398 mL (14 oz) de tomates italiennes en conserve,
avec le jus

30 mL (2 c. à s.) de pâte de tomates

50 mL (1/4 tasse) d'huile d'olive

125 à 250 mL (1/2 à 1 tasse) de vin blanc sec

1 pincée de sel et de poivre

Eau

1. Enlever les tiges et hacher les feuilles des épinards.

2. Combiner les épinards avec les aromates, le poivron et
l'ail. Mettre de côté.

3. Éliminer toutes les coquilles abîmées des palourdes ou
des moules. Placer les autres coquilles dans une grande
marmite et ajouter 1 couche d'épinards.

4. Préparez le crabe tel qu'indiqué dans la Salade Louis, en
laissant les carapaces des pinces après les avoir légèrement
brisées. Disposer le crabe sur les épinards et ajouter une
seconde couche d'épinards.

5. Étaler le poisson et une couche d'épinards, et répéter avec
les crevettes et les épinards qui restent.

6. Mélanger les tomates, la pâte de tomates, l'huile, le vin, le
sel et le poivre. Verser le mélange sur les ingrédients dans la
marmite.

7. Couvrir et laisser mijoter environ 30 minutes. Si plus de
liquide est requis, ajouter de l'eau. Servir dans des bols à
soupe, en partageant également le poisson et les fruits de
mer.

Étape 3 Placer les
coquillages au fond
d'une grosse
marmite et les
recouvrir du
mélange aux
épinards.

Étape 6 Verser le
mélange aux
tomates sur les
ingrédients étagés
dans la marmite.

Notes du chef

Temps
Comptez environ 40 minutes
de préparation et 30 minutes
de cuisson.

Préparation
Servez la soupe dès qu'elle
est prête, et ne la réchauffez
jamais.

Variante
Choisissez le poisson et les
fruits de mer selon votre
goût et votre budget. Pour
les occasions spéciales,
ajoutez du homard.

POISSON ENTIER FARCI

Un poisson entier cuit à la perfection impressionne toujours les invités.

1 poisson entier de 2 kg (4 1/2 lb), évidé, désossé
   (saumon, truite saumonée ou bar)

Farce

750 mL (3 tasses) de biscuits salés broyés
50 mL (1/4 tasse) de beurre, fondu
1 pincée de sel et de poivre
10 mL (2 c. à t.) de jus de citron
1 mL (1/4 c. à t.) de chacun des aromates séchés suivants:
   thym, sauge et marjolaine
1 échalote sèche, épluchée et hachée fin
10 huîtres, décoquillées

Étape 3 Remplir la cavité du poisson de farce.

Étape 2 Placer le poisson préparé sur une feuille de papier d'aluminium légèrement huilée.

Étape 4 Appuyer délicatement sur le poisson pour répartir uniformément la farce.

1. Demander au poissonnier de vider et de désosser le poisson, en laissant la tête et les os. Bien laver la cavité du poisson et l'essuyer.

2. Placer le poisson sur une feuille de papier d'aluminium légèrement huilée. Bien mélanger tous les ingrédients de la farce pour bien incorporer les huîtres.

3. Ouvrir la cavité du poisson et la farcir.

4. Refermer la cavité et appuyer légèrement sur le poisson pour que la farce se répartisse uniformément. Refermer le papier autour du poisson, sans trop le serrer. Le placer directement sur la grille du four ou dans un plat à rôtir. Faire cuire 40 minutes, dans un four préchauffé à 200 °C (400 °F). Développer le poisson et le glisser dans un plat de service. Si désiré, enlever la peau du côté exposé du poisson. Garnir de rondelles de citron.

Notes du chef

Temps
Comptez environ 25 minutes de préparation et 40 minutes de cuisson.

Préparation
Vous pouvez farcir le poisson sans le désosser, mais il vous sera plus difficile de le servir.

Variante
Remplacez les huîtres par des moules, des palourdes ou des crevettes. Si désiré, ajoutez du céleri ou du poivron vert ou rouge, haché.

Chapitre V

Invitations spéciales

POUR 4 PERSONNES

FLÉTAN ET CRABE À LA HOLLANDAISE

Riche et onctueuse, la sauce hollandaise ajoute un air sophistiqué à ces filets.

4 grands filets de flétan
1 feuille de laurier
Rondelle d'oignon
75 mL (1/3 tasse) de vin blanc
2 jaunes d'œufs
15 mL (1 c. à s.) de jus de citron
1 pincée de poivre de Cayenne
1 pincée de paprika
125 mL (1/2 tasse) de beurre, fondu
15 mL (1 c. à s.) de beurre
30 mL (2 c. à s.) de farine
30 mL (2 c. à s.) de crème épaisse
Sel et poivre
225 g (1/2 lb) de chair de crabe

1. Dans un plat à gratin, placer le poisson, le laurier, l'oignon, le vin et juste assez d'eau pour couvrir le poisson. Couvrir et cuire 10 minutes, dans un four préchauffé à 160 °C (325 °F).

2. Mettre les œufs, le jus de citron, le poivre de Cayenne et le paprika dans le bol d'un mélangeur ou d'un robot culinaire. Mettre l'appareil en marche et ajouter graduellement le beurre fondu. Continuer de mélanger jusqu'à ce que la sauce hollandaise soit épaisse. Mettre de côté.

3. Faire fondre 15 mL (1 c. à s.) de beurre dans une casserole. Incorporer la farine et faire cuire 1 minute, à feu doux.

4. Égoutter le poisson. Filtrer le liquide de cuisson dans le mélange de farine, en remuant pour ne pas former de grumeaux. Faire cuire la sauce doucement, jusqu'à ce qu'elle

Étape 1 Ranger le poisson dans un plat à gratin et le faire pocher avec le vin, le laurier, l'oignon et juste assez d'eau pour couvrir.

Étape 2 Incorporer graduellement le beurre fondu aux jaunes d'œufs, au jus de citron et aux épices dans le robot culinaire.

soit onctueuse et épaisse. Incorporer la crème, sans la laisser bouillir. Assaisonner au goût.

5. Ajouter la chair de crabe et verser la sauce dans un plat allant au four. Disposer le poisson sur la sauce et recouvrir de sauce hollandaise.

6. Passer sous le gril quelques minutes avant de servir.

Notes du chef

Temps
Comptez environ 15 minutes de préparation et 20 minutes de cuisson.

Préparation
Si vous ne possédez pas de robot culinaire, préparez la hollandaise à la main. Dans un bol placé sur une casserole d'eau chaude, mélangez, au fouet, les jaunes d'œufs, le jus de citron et les épices. Ajoutez lentement le beurre fondu. Ceci prendra environ 10 minutes.

Service
Accompagnez de pommes de terre et de brocoli.

POUR 4 PERSONNES

ESPADON ET SALADE DE PAMPLEMOUSSE

De texture riche et dense, l'espadon s'allie très bien au goût
acidulé du pamplemousse.

4 à 6 pamplemousses roses ou rouges (selon la grosseur)
1 limette
1/2 piment vert, épépiné et émincé
1 oignon vert, haché fin
30 mL (2 c. à s.) de coriandre fraîche, hachée
15 mL (1 c. à s.) de sucre
45 mL (3 c. à s.) de tequila
Jus de 1 limette
30 mL (2 c. à s.) d'huile
Poivre noir au goût
4 à 8 darnes d'espadon (selon la grosseur)
Feuilles de coriandre pour garnir

1. Prélever le zeste des pamplemousses et de la limette et le réserver.

2. Peler les pamplemousses et retirer la membrane blanche. Prélever les quartiers. Presser le jus de la limette. Mélanger les pamplemousses, les zestes, le piment, l'oignon vert, la coriandre, le sucre, la tequila et le jus de limette pressé. Mettre de côté.

3. Mélanger le jus de 1 limette, l'huile, et le poivre. Badigeonner les darnes des 2 côtés. Placer sous un gril préchauffé et faire cuire 4 minutes de chaque côté, ou selon la grosseur des darnes et leur distance du gril.

4. Pour servir, placer une feuille de coriandre sur chaque darne et accompagner de la salade de pamplemousse.

Étape 1 Prélever le zeste des pamplemousses à l'aide d'un zesteur.

Étape 2 Utiliser un couteau denté pour enlever la membrane blanche des fruits.

Notes du chef

Temps
Comptez environ 35 minutes de préparation et 4 à 6 minutes de cuisson.

Variante
Remplacez la tequila par du rhum blanc ou omettez-la complètement. La quantité de sucre variera si les pamplemousses sont sucrés.

Conseil
Pour plus de saveur, faites mariner l'espadon pendant 1 heure dans un mélange de jus de limette et d'huile.

POUR 4 PERSONNES

GRATINÉ DE FRUITS DE MER

Ce mélange d'huîtres et de crabe est un descendant d'anciennes recettes au gratin. Il est facile à préparer et l'ajout d'autres fruits de mer est permis.

24 petites huîtres
250 mL (1 tasse) de fumet de poisson
250 mL (1 tasse) de crème légère
1 gros ou 2 petits crabes cuits
4 tranches de pain, écroûtées et émiettées
75 mL (1/3 tasse) de beurre ou margarine
90 mL (6 c. à s.) de farine
1 botte d'oignons verts, hachés
50 mL (1/4 tasse) de persil haché
30 mL (2 c. à s.) de sauce Worcestershire
2 mL (1/2 c. à t.) de tabasco
1 pincée de sel

Étape 3 Retourner le crabe et séparer le plastron de la carapace en poussant avec les pouces.

1. Décoquiller les huîtres et les mettre dans une casserole. Ajouter leur eau en la filtrant. Incorporer le fumet de poisson et faire cuire doucement, jusqu'à ce que le bord des huîtres se recroqueville. Égoutter les huîtres et les garder au chaud. Filtrer le liquide de cuisson dans une casserole propre.

2. Incorporer la crème au liquide de cuisson, et porter à ébullition. Laisser bouillir rapidement pendant 5 minutes.

3. Retirer les pinces et les pattes du crabe. Le retourner et séparer le plastron de la carapace en poussant avec les doigts.

4. Jeter la poche abdominale.

5. Avec un gros couteau, couper le plastron en 4 et en extraire la chair avec une brochette.

6. Briser les pinces et les pattes pour en extraire la chair. Laisser les petites pattes intactes pour la garniture.

7. Gratter la chair brune de la carapace et des alvéoles. Combiner toute la chair de crabe au pain émietté.

8. Faire chauffer le beurre dans une casserole de grandeur moyenne et incorporer la farine. Faire cuire 5 minutes, à feu doux. Ajouter les oignons verts et le persil, et prolonger la cuisson 5 minutes. Incorporer le mélange de fumet, en remuant constamment. Ajouter la sauce Worcestershire, le tabasco et le sel. Cuire 15 à 20 minutes, à feu doux, en remuant de temps à autre. Ajouter le mélange à la chair de crabe.

9. Disposer les huîtres au fond d'un plat à gratin beurré ou de plats individuels. Recouvrir du mélange au crabe. Dorer quelques minutes au four. Servir aussitôt.

Notes du chef

Temps
Comptez environ 40 minutes de préparation et 30 minutes de cuisson.

Guide d'achat
Si les huîtres ou les crabes ne sont pas de saison, achetez des huîtres en conserve et utilisez leur liquide pour une partie du fumet de poisson. Ne faites pas cuire les huîtres en conserve aussi longtemps. Remplacez le crabe frais par du crabe surgelé ou en conserve, en substituant 225 g (1/2 lb) pour la chair fraîche.

Service
Servie en hors-d'œuvre, cette recette donnera 6 portions. Accompagnez le gratiné de pain français et d'une salade pour un repas léger.

POUR 4 PERSONNES

FRUITS DE MER FRITS

Un plat plein de fragrance nous provenant de l'Extrême-Orient.
Servez-le tel quel ou comme part d'un repas plus élaboré.

125 mL (1/2 tasse) d'huile
450 g (1 lb)de poissons et fruits de mer mélangés, pouvant
 inclure: grosses crevettes; pétoncles; calmars, nettoyés
 et en rondelles; huîtres découquillées; pinces de crabes,
 décortiquées; blanchaille.
15 mL (1 c. à s.) de gingembre frais râpé
4 oignons verts, hachés fin
3 gousses d'ail, épluchées, écrasées et hachées
4 piments rouges, épépinés et hachés fin
5 mL (1 c. à t.) de macis
2 mL (1/2 c. à t.) de pâte de crevettes
1 morceau de tamarin, trempé dans 60 mL (4 c. à s.)
 d'eau chaude OU 30 mL (2 c. à s.) de jus de citron
1 pincée de cassonade
Sel

1. Faire chauffer l'huile dans une poêle, jusqu'à ce qu'elle
commence à fumer. Faire frire le poisson en plusieurs groupes, 2 à 3 minutes par groupe, ou jusqu'à ce qu'il soit bien
doré et complètement cuit. Égoutter sur du papier absorbant
et garder au chaud.

2. Dans un mortier, au pilon, défaire en pâte le gingembre,
les oignons verts, l'ail, les piments et le macis. Ajouter la pâte
de crevettes et bien incorporer.

3. Verser 15 mL (1 c. à s.) d'huile dans un wok et ajouter la
pâte épicée. Faire cuire 2 à 3 minutes, à feu doux. Incorporer, en filtrant, le tamarin et l'eau. La sauce devrait être
juste assez épaisse pour enrober les aliments. Ajouter de
l'eau si elle est trop épaisse.

Étape 1 Faire frire le poisson dans l'huile chaude en plusieurs étapes pour qu'il ne se brise pas.

Étape 2 Dans un mortier, broyer le gingembre, les oignons verts, les piments et le macis en une pâte homogène.

4. Incorporer la cassonade, le poisson cuit et le sel au goût.
Faire cuire 2 à 3 minutes, ou jusqu'à ce que le poisson soit
complètement réchauffé.

Notes du chef

Temps
Comptez environ 20 minutes
de préparation et 12 à
15 minutes de cuisson.

Conseil
Soyez prudents lorsque vous
manipulez des piments.
Évitez que le jus n'atteigne
vos yeux. Si cela se produit,
rincez soigneusement à
l'eau froide. Lavez-vous
toujours les mains après
avoir manipulé des piments
frais.

Service
Accompagnez d'une salade
aux légumes et d'un riz.

POUR 4 PERSONNES

TRUITES MARINÉES À LA SAUCE AUX ŒUFS

Cette recette provient de Navarre, une région d'Espagne
très réputée pour ses truites.

4 truites de même grosseur, nettoyées et parées
90 mL (6 c. à s.) de vin rouge
45 mL (3 c. à s.) d'huile d'olive
45 mL (3 c. à s.) d'eau
1 gousse d'ail, épluchée, écrasée et hachée
2 branches de menthe, 1 branche de romarin, 1 brin de
   thym, 1 petite feuille de laurier écrasée
6 grains de poivre noir
1 pincée de sel
3 jaunes d'œufs, légèrement battus
15 mL (1 c. à s.) de fines herbes hachées
Rondelles de citron pour garnir

Étape 3 Dès que le poisson est cuit, le placer sur un plat de service. Enlever la peau du côté exposé.

Étape 2 Sur une cuisinière, porter la marinade au point d'ébullition.

Étape 5 Faire cuire la marinade passée et les jaunes d'œufs au bain-marie, en remuant sans cesse pour que la sauce épaississe.

1. Placer le poisson dans un plat à rôtir et ajouter le vin, l'huile, l'eau, l'ail et les aromates. Parsemer de grains de poivre et de sel. Retourner le poisson plusieurs fois pour bien l'enrober de marinade. Laisser reposer 30 minutes, à la température ambiante.

2. Mettre le plat à rôtir sur la cuisinière. Amener la marinade au point d'ébullition. Couvrir et faire cuire environ 20 minutes, dans un four préchauffé à 180 °C (350 °F), ou jusqu'à ce que le poisson soit ferme.

3. Égoutter le poisson et le disposer dans un plat de service. Enlever la peau du côté exposé. Couvrir et garder chaud.

4. Passer le liquide de cuisson dans un bol ou dans la casserole supérieure d'un bain-marie. Mélanger environ 45 mL (3 c. à s.) du liquide de cuisson aux jaunes d'œufs et reverser le mélange dans le bol ou le bain-marie.

5. Faire chauffer doucement, en remuant sans cesse, jusqu'à épaississement de la sauce. Ne pas la laisser bouillir. Ajouter les fines herbes et corriger l'assaisonnement.

6. Napper les truites de sauce. Garnir de rondelles de citron. Servir séparément le reste de la sauce.

Notes du chef

Temps
Comptez environ 30 minutes
de préparation, 20 minutes de
cuisson du poisson et
5 minutes pour cuire la sauce.

Variante
Remplacez le vin rouge par
du vin blanc.

Service
Accompagnez les truites de
pommes de terre vapeur.

POUR 6 PERSONNES

POISSON À LA SICHUANAISE

Le goût piquant du piment de Sichuan est très différent de celui du poivre blanc ou noir. Attention, un excès de cette épice pourrait engourdir temporairement votre bouche!

450 g (1 lb) de filets de corégone
1 pincée de sel et de poivre
1 œuf
75 mL (5 c. à s.) de farine
90 mL (6 c. à s.) de vin blanc
Huile pour la friture
60 g (2 oz) de jambon cuit, en dés
1 morceau de gingembre frais de 2,5 cm (1 po), haché fin
1/2 à 1 piment rouge ou vert, épépiné et en petits dés
6 châtaignes d'eau, en petits dés
4 oignons verts, hachés fin
45 mL (3 c. à s.) de sauce soya
5 mL (1 c. à t.) de vinaigre de cidre
    ou de vinaigre de vin chinois
2 mL (1/2 c. à t.) de piment de Sichuan moulu (facultatif)
250 mL (1 tasse) de bouillon de poulet
15 mL (1 c. à s.) de fécule de maïs diluée
    dans 30 mL (2 c. à s.) d'eau
10 mL (2 c. à t.) de sucre

1. Pour préparer la garniture, choisir des beaux piments avec la queue intacte. Avec un petit couteau tranchant, les couper en lanières.

2. Couper les lanières en partant à 1 cm (1/2 po) de la queue. Rincer à l'eau froide pour ôter les graines et placer les piments dans un bol d'eau froide.

3. Laisser tremper au moins 4 heures ou toute la nuit pour qu'ils s'ouvrent comme des fleurs.

4. Détailler les filets de poisson en tronçons de 5 cm (2 po) et saler, poivrer. Bien battre l'œuf et incorporer la farine et le vin pour obtenir une pâte. Passer légèrement le poisson dans de la farine et le tremper dans la pâte. Bien remuer.

5. Faire chauffer un wok. Ajouter assez d'huile pour la friture du poisson. Lorsque l'huile est chaude, faire frire quelques morceaux à la fois pour bien les dorer. Égoutter et finir la cuisson du poisson qui reste.

6. Jeter toute l'huile du wok, sauf 15 mL (1 c. à s.) Ajouter le jambon, le gingembre, le piment, les châtaignes et les oignons verts. Faire cuire environ 1 minute, et incorporer la sauce soya et le vinaigre. Si désiré, ajouter le piment de sichuan. Bien remuer et prolonger la cuisson 1 minute. Retirer les légumes du wok et les mettre de côté.

7. Verser le bouillon dans le wok et porter à ébullition. Incorporer 1 cuillerée comble du liquide bouillant à la fécule de maïs diluée. Reverser le mélange dans le bouillon et porter de nouveau à ébullition, en remuant sans cesse jusqu'à épaississement.

8. Incorporer le sucre et remettre les légumes et le poisson dans la sauce. Faire chauffer 30 secondes. Servir aussitôt. Garnir de piments.

Étape 1 Détailler la pointe du piment en fines lanières.

Étape 3 Laisser tremper les piments 4 heures ou toute la nuit dans l'eau froide.

Notes du chef

Temps
Comptez environ 30 minutes de préparation et 10 minutes de cuisson.

Service
Accompagnez de riz vapeur ou riz frit. Ne consommez pas la garniture de piment!

Guide d'achat
Les grains de poivre de Sichuan s'achètent dans les supermarchés ou les magasins d'alimentation spécialisés. À défaut, remplacez-les par du piment.

POUR 6 PERSONNES

CREVETTES KUNG PAO
AUX CAJOUS

Il est dit que Kung Pao inventa ce plat, mais jusqu'à aujourd'hui,
personne ne sait qui il était!

2 mL (1/2 c. à t.) de gingembre frais haché
5 mL (1 c. à t.) d'ail haché
25 mL (1 1/2 c. à s.) de fécule de maïs
1 mL (1/4 c. à t.) de bicarbonate de soude
Sel et poivre
1 mL (1/4 c. à t.) de sucre
450 g (1 lb) de crevettes fraîches
60 mL (4 c. à s.) d'huile
1 petit oignon, en dés
1 grosse ou 2 petites courgettes, en cubes de 1 cm (1/2 po)
1 petit poivron rouge, en cubes de 1 cm (1/2 po)
125 mL (1/2 tasse) de noix de cajou

Sauce
175 mL (3/4 tasse) de bouillon de poulet
15 mL (1 c. à s.) de fécule de maïs
10 mL (2 c. à t.) de sauce chili
10 mL (2 c. à t.) de pâte de haricots (facultatif)
10 mL (2 c. à t.) d'huile de sésame
15 mL (1 c. à s.) de xérès ou d'alcool de riz

1. Mélanger le gingembre, l'ail, 25 mL (1 1/2 c. à s.) de fécule de maïs, le bicarbonate de soude, le sel, le poivre et le sucre.

2. Décortiquer et déveiner les crevettes. Si elles sont grosses, les couper en 2. Les placer dans le mélange au gingembre et laisser reposer 20 minutes.

3. Faire chauffer l'huile dans un wok. Ajouter les crevettes et les faire sauter 1 minute, à feu vif, ou jusqu'à ce qu'elles changent de couleur. Verser dans une assiette.

4. Mettre l'oignon dans le wok encore chaud et faire cuire 1 minute. Ajouter les courgettes et le poivron; prolonger la cuisson 30 secondes.

5. Mélanger les ingrédients de la sauce et la verser dans le wok. Faire épaissir légèrement, en remuant constamment. Ajouter les crevettes et les noix de cajou et faire réchauffer complètement.

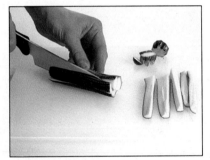

Étape 4 Pour détailler rapidement les courgettes en cubes, enlever les bouts et couper d'abord les courgettes en lanières de 1 cm (1/2 po).

Étape 4 À l'aide d'un couteau tranchant, recouper les lanières en morceaux de 1 cm (1/2 po).

Notes du chef

Temps
Comptez environ 20 minutes de préparation et 3 minutes de cuisson.

Variante
Utilisez des crevettes en conserve et ajoutez-les en même temps que les légumes. Rectifiez la quantité de sauce chili à votre goût.

Service
Accompagnez d'un riz blanc ou frit.

POUR 4 PERSONNES

ESPADON FLORENTINE

Voici un poisson de texture dense, apprêté avec une saveur définitivement méditerranéenne.

4 darnes d'espadon, de 170 à 225 g (6 à 8 oz) chacune
Sel, poivre et jus de citron
Huile d'olive
900 g (2 lb) d'épinards frais, les tiges éliminées
  et les feuilles bien lavées

Sauce aïoli

2 jaunes d'œufs
3 gousses d'ail, épluchées, écrasées et hachées
Sel, poivre et moutarde en poudre
1 pincée de poivre de Cayenne
250 mL (1 tasse) d'huile d'olive
Jus de citron ou vinaigre de vin blanc

1. Parsemer le poisson de poivre, de jus de citron et d'huile d'olive. Placer sous un gril préchauffé et faire griller 3 à 4 minutes de chaque côté. On peut aussi le faire cuire au barbecue.

2. Entre-temps, mettre les feuilles d'épinards dans une grande casserole avec une pincée de sel. Couvrir et les faire cuire, à feu moyen, avec l'eau de lavage qui reste sur les feuilles. Faire cuire 3 minutes ou jusqu'à ce que les feuilles commencent à flétrir. Mettre de côté.

3. Mettre les jaunes d'œufs dans le bol d'un robot culinaire ou d'un batteur à main. Ajouter l'ail et bien mélanger pour incorporer les ingrédients. Ajouter le sel, le poivre, la moutarde et le poivre de Cayenne. Pendant que le robot est en marche, incorporer l'huile par l'entonnoir, en un mince filet. Pour le batteur à main, suivre le guide du manufacturier.

4. Lorsque la sauce est très épaisse, ajouter du jus de citron ou du vinaigre, en petites quantités.

5. Pour servir, tapisser un plat de service de feuilles d'épinards et y disposer le poisson. Napper de sauce aïoli. Servir séparément le reste de la sauce.

Étape 3 Incorporer, aux jaunes d'œufs, l'huile en un mince filet.

Notes du chef

Temps
Comptez environ 25 minutes de préparation et 6 à 8 minutes de cuisson.

Variante
Remplacez l'espadon par du thon frais.

Préparation
L'aïoli ou la mayonnaise à l'ail peut se préparer à l'avance et se conservera 5 à 7 jours au réfrigérateur. Elle est aussi délicieuse avec des fruits de mer pochés, du poulet ou des légumes. Si elle est trop épaisse, ajoutez un peu d'eau chaude.

POUR 4 PERSONNES

DARNES DE SAUMON ÉPICÉES

Un mélange d'épices et de sucre fait de ce saumon un plat assez exceptionnel.

125 mL (1/2 tasse) de cassonade
15 mL (1 c. à s.) de piment de la Jamaïque
15 mL (1 c. à s.) de gingembre frais haché
15 mL (1 c. à s.) de moutarde en poudre
4 darnes de saumon de 2,5 cm (1 po) d'épaisseur
1 concombre
1 botte d'oignons verts
30 mL (2 c. à s.) de beurre
15 mL (1 c. à s.) de jus de citron
10 mL (2 c. à t.) d'aneth haché
15 mL (1 c. à s.) de persil haché
Sel et poivre

1. Mélanger la cassonade, les épices et la moutarde. Frotter le mélange sur les 2 côtés des darnes de saumon. Réfrigérer 1 heure.

2. Entre-temps, préparer les légumes. Éplucher le concombre et le couper, dans le sens de la longueur, en quartiers. Épépiner et couper chaque quartier en morceaux de 2,5 cm (1 po).

3. Enlever les racines des oignons verts et retirer la plupart de la partie verte.

4. Mettre le concombre et les oignons verts dans une casserole. Ajouter le reste des ingrédients. Couvrir et faire cuire 10 minutes, à feu moyen, ou jusqu'à ce que le concombre soit tendre et transparent.

5. Placer les darnes sous un gril préchauffé et faire griller 5 à 6 minutes de chaque côté.

6. Accompagner le saumon du mélange concombre et oignons verts.

Étape 1 Frotter le mélange cassonade et épices sur les deux côtés des darnes.

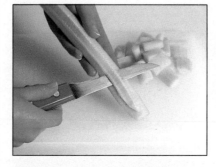

Étape 2 Couper le concombre épluché en quartiers, dans le sens de la longueur. Épépiner et couper chaque quartier en cubes de 2,5 cm (1 po).

Étape 4 Faire cuire le concombre et les oignons verts avec le beurre, le jus de citron, les aromates, le sel et le poivre, jusqu'à ce que le concombre soit tendre et transparent.

Notes du chef

Temps
Comptez environ 15 minutes de préparation, 1 heure de réfrigération et 12 à 15 minutes de cuisson.

Préparation
Les darnes de saumon se cuisent très bien sur un barbecue.

Variante
Remplacez le saumon par des darnes de morue ou d'aiglefin.

POUR 4 PERSONNES

ROUGETS À LA PROVENÇALE

Les rougets sont des poissons attrayants, dont la saveur ressemble à celle des crevettes.

30 mL (2 c. à s.) d'huile d'olive
1 gousse d'ail, épluchée, écrasée et hachée
2 échalotes sèches, épluchées et hachées fin
450 g (1 lb) de tomates mûres, épluchées, épépinées et émincées
10 mL (2 c. à t.) de marjolaine et persil hachés et mélangés
75 mL (1/3 tasse) de vin blanc sec
Sel, poivre et une pincée de safran
Huile pour la friture
2 petits bulbes de fenouil, nettoyés et en quartiers
4 rougets, de 170 g (6 oz) chacun
Farine additionnée de sel et poivre

1. Faire chauffer l'huile d'olive dans une casserole profonde et ajouter l'ail et les échalotes. Faire suer 1 à 2 minutes et incorporer les tomates, les aromates, le vin, le sel, le poivre et le safran. Laisser mijoter 30 minutes, sans couvrir, et mettre de côté.

2. Verser environ 50 mL (1/4 tasse) d'huile dans une grande poêle ou une sauteuse. Placer à feu moyen et ajouter le fenouil. Faire dorer rapidement. Réduire le feu et prolonger la cuisson 5 à 10 minutes, pour attendrir le fenouil.

3. Écailler, ôter les branchies (ouïes) et vider les poissons. Les laver et bien les essuyer. Tailler les nageoires et passer les poissons dans la farine. Les secouer pour faire tomber l'excédent.

4. Lorsque le fenouil est tendre, le retirer de la sauteuse et le mettre de côté. Faire dorer les poissons des 2 côtés, environ 2 à 3 minutes de chaque côté. Disposer les poissons sur un

Étape 3 Pour écailler, passer le dos de la lame d'un couteau sur le poisson en partant de la queue vers la tête.

Étape 3 Tailler les nageoires avec des ciseaux de cuisine.

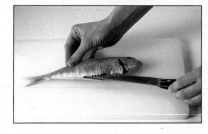

Étape 3 Fendre le ventre pour vider le poisson.

plat de service chaud. Garnir de fenouil. Napper de sauce chaude. Servir séparément le reste de la sauce.

Notes du chef

Temps
Comptez environ 30 minutes de préparation si les poissons ne sont pas vidés et 40 minutes de cuisson.

À surveiller
Utilisez toujours les rougets le jour de l'achat, car ils ne se conservent pas bien.

Conseil
Le safran est dispendieux, alors remplacez-le par une pincée de curcuma pour colorer.

POUR 6 PERSONNES

PAUPIETTES DE SOLE FARCIES

Le poisson est traditionnellement plus populaire dans le nord de l'Allemagne que dans n'importe quelle autre partie du pays. Ce plat est assez élégant pour être servi lors d'un grand dîner.

60 mL (4 c. à s.) de beurre
90 g (3 oz) de têtes de champignons, émincées
30 mL (2 c. à s.) de farine
375 mL (1 1/2 tasse) de fumet de poisson
   ou de bouillon de légumes
50 mL (1/4 tasse) de crème épaisse
30 mL (2 c. à s.) de cognac
170 g (6 oz) de crevettes cuites, décortiquées
125 g (4 oz) de chair de crabe fraîche cuite, surgelée
   ou en conserve
50 mL (1/4 tasse) de panure
6 à 12 filets de sole, selon la grosseur
50 mL (1/4 tasse) de beurre fondu

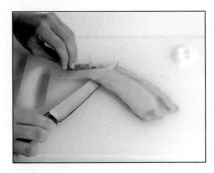

Étape 3 Tremper les doigts dans le sel. Tenir fermement le bout de la queue. Passer par petits coups la lame d'un couteau le long de la peau.

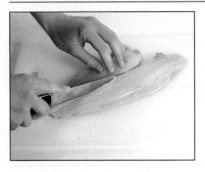

Étape 3 Couper les filets en deux le long de la ligne qui les divise.

Étape 3 Étaler la farce sur le côté dépouillé de chaque filet et les rouler. Attacher avec un cure-dents.

1. Préchauffer le four à 180 °C (350 °F). Faire fondre 60 mL (4 c. à s.) de beurre, ajouter les champignons et cuire 3 minutes, à feu vif. Incorporer la farine et cuire 3 minutes, à feu doux. Ajouter le fumet, porter à ébullition et laisser cuire, jusqu'à ce que la sauce épaississe.

2. Incorporer la crème et porter de nouveau à ébullition. Retirer la sauce du feu et ajouter le cognac, les crevettes, le crabe et la panure. Saler, poivrer.

3. Dépouiller les filets de leur peau. Étaler le mélange sur le côté dépouillé des filets. Rouler et disposer dans un plat à gratin. Napper de beurre fondu et cuire 12 à 15 minutes au four, ou jusqu'à ce que le poisson soit ferme.

Notes du chef

Temps
Comptez environ 30 minutes de préparation et 18 à 20 minutes de cuisson.

Conseil
Pour mieux tenir la peau glissante du poisson, trempez-vos doigts dans le sel.

Préparation
Vous pouvez préparer la farce à l'avance. Placez une pellicule de plastique directement sur la farce pour éviter la formation d'une peau. Utilisez toujours la farce lorsqu'elle est froide.

Service
Accompagnez d'un légume vert tel que le brocoli, les asperges ou les épinards. Servir avec des pommes de terre nouvelles roulées dans un beurre persillé.

Variante
Pour une occasion spéciale, remplacez la chair de crabe par du homard.

POUR 4 PERSONNES

MOULES À LA GRECQUE

Les moules fraîches nous assurent toujours un repas sans pareil.
Mais quel régal lorsqu'elles sont servies dans une sauce tomate!

800 g (1 3/4 lb) de moules
1 oignon, haché
125 mL (1/2 tasse) de vin blanc
Jus de citron
30 mL (2 c. à s.) d'huile d'olive
1 gousse d'ail, épluchée, écrasée et hachée
1 échalote sèche, épluchée et hachée
700 g (1 1/2 lb) de tomates fraîches, hachées
5 mL (1 c. à t.) de graines de fenouil
5 mL (1 c. à t.) de graines de coriandre
5 mL (1 c. à t.) d'origan broyé
1 feuille de laurier
15 mL (1 c. à s.) de basilic haché
1 pincée de poivre de Cayenne
Sel et poivre
Olives noires, pour garnir

Étape 5 Faire bouillir rapidement le mélange aux tomates pour le faire réduire de moitié et obtenir une sauce épaisse.

Étape 2 Faire cuire rapidement les moules jusqu'à ce que les coquilles s'ouvrent. Éliminer les coquilles fermées.

1. Brosser les moules et éliminer les coquilles brisées.

2. Mettre les moules dans une grande casserole avec l'oignon, le vin et le jus de citron. Couvrir et faire cuire rapidement, jusqu'à ce que les moules s'ouvrent. Jeter les coquilles fermées.

3. Décoquiller les moules et les laisser refroidir. Passer le liquide de cuisson à la mousseline et réserver.

4. Faire chauffer l'huile d'olive dans une casserole. Ajouter l'ail et l'échalote. Dorer à feu doux.

5. Incorporer les tomates, les aromates et les épices. Incorporer le liquide réservé. Porter à ébullition et laisser bouillir, jusqu'à ce que les tomates soient tendres et que le liquide ait réduit de moitié. Ôter la feuille de laurier.

6. Laisser refroidir la sauce, puis incorporer les moules. Réfrigérer pour rafraîchir. Garnir d'olives avant de servir.

Notes du chef

Temps
Comptez 20 minutes de préparation et 20 minutes de cuisson.

Service
Accompagnez d'une salade verte et de pain français.

Préparation
Achetez des moules fraîches dont les coquilles sont bien fermées. Éliminez les coquilles abîmées. Après la cuisson, jetez toutes les coquilles qui sont fermées.

Conseil
Si vous ne pouvez pas utiliser les moules le jour de l'achat, enveloppez-les dans du papier journal humide. Placez le paquet dans un sac de plastique et rangez-le dans le bas du réfrigérateur. NE LES CONSERVEZ PAS PLUS LONGTEMPS.

POUR 4 PERSONNES

BROCHETTES DE BAUDROIE AUX POIVRONS, À LA BÉARNAISE

La chair blanche et ferme de la baudroie se prête bien pour faire des brochettes.

8 tranches de bacon
2 morceaux de citronnelle
900 g (2 lb) de baudroie, en tronçons de 5 cm (2 po)
1 poivron vert, épépiné et en tronçons de 5 cm (2 po)
1 poivron rouge, épépiné et en tronçons de 5 cm (2 po)
12 têtes de champignons, nettoyées et parées
8 feuilles de laurier
Huile pour badigeonner
125 mL (1/2 tasse) de vin blanc sec
50 mL (1/4 tasse) de vinaigre à l'estragon
2 échalotes sèches, épluchées et hachées fin
15 mL (1 c. à s.) d'estragon haché
15 mL (1 c. à s.) de cerfeuil ou de persil haché
250 mL (1 tasse) de beurre, fondu
Sel et poivre

1. Couper le bacon en 2 dans le sens de la longueur. Puis le recouper en 2, dans le sens inverse. Peler la citronnelle, n'utiliser que le centre et l'émincer.

2. Placer un tronçon de poisson sur une lanière de bacon. Parsemer de citronnelle émincée. Rouler le bacon autour du poisson. Sur des brochettes, enfiler, en alternant, les rouleaux de bacon, les poivrons, les champignons et le laurier. Badigeonner d'huile.

3. Placer sous un gril chaud et griller 10 à 15 minutes en retournant souvent les brochettes durant la cuisson et en les badigeonnant d'huile, si nécessaire.

4. Dans une petite casserole, porter à ébullition le vin, le vinaigre et les échalotes. Faire cuire rapidement pour réduire de moitié.

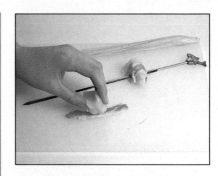

Étape 2 Déposer un tronçon de poisson sur une lanière de bacon et ajouter la citronnelle. Rouler et enfiler sur des brochettes.

Étape 5 Incorporer les aromates à la réduction de vin. Réduire le feu et ajouter le beurre, peu à peu, en mélangeant jusqu'à ce que la sauce soit épaisse et crémeuse.

5. Incorporer les aromates et réduire le feu. Incorporer le beurre, peu à peu, en mélangeant constamment, jusqu'à ce que la sauce ait la consistance d'une sauce hollandaise. Assaisonner au goût et servir avec les brochettes.

Notes du chef

Temps
Comptez environ 30 minutes de préparation et 20 à 25 minutes de cuisson.

Préparation
Ces brochettes se cuisent bien sur le barbecue.

Service
Accompagnez d'une belle salade composée et d'un riz ou d'une pâte.

POUR 2 À 3 PERSONNES

CRABE PRÉPARÉ

Ce livre de cuisine ne serait pas complet sans la technique utilisée
pour préparer un crabe. N'achetez pas un crabe qui semble avoir de l'eau
dans sa carapace lorsqu'on le secoue.

1 gros crabe cuit
Laitue ou persil, pour la présentation

Étape 2 Poser le crabe sur le dos et pousser fermement sur le plastron pour le séparer de la carapace.

Étape 3 Jeter la poche abdominale et les ouïes molles et allongées, car elles ne doivent jamais être mangées.

Étape 5 Casser assez du dessus de la carapace pour former une coque plate dans laquelle on servira la chair de crabe.

1. Détacher les pattes et les pinces, briser la coque avec un marteau ou un casse-noisette. Extraire la chair blanche et la mettre dans un bol.

2. Poser le crabe sur le dos et séparer le plastron de la carapace.

3. Jeter la poche abdominale, les ouïes molles et allongées qui ne doivent jamais être mangées. Extraire la chair brune de la carapace à la cuiller et la mettre dans un second bol.

4. Couper le plastron pour l'ouvrir et enlever la chair avec une fourchette ou une brochette. Mettre la chair dans le bol approprié.

5. Retirer assez du dessus de la carapace pour obtenir une coque plate dans laquelle la chair de crabe sera servie. Nettoyer soigneusement la carapace.

6. Disposer, en alternant, des rangées de chair de crabe blanche et brune. Garnir de laitue. Accompagner de mayonnaise et de citron.

Notes du chef

Temps
Comptez environ 35 à 45 minutes de préparation.

Service
Accompagnez de pommes de terre nouvelles ou d'une simple salade.

Conseil
Achetez les crabes d'une maison réputée. Consommez-les le jour même de l'achat. Si vous ne pouvez les utiliser que le jour suivant, enveloppez-les dans du papier journal humide et placez-les dans le bas du réfrigérateur.

Variante
Pour servir 4 personnes, faites cuire 2 œufs durs, hachez les blancs et passez les jaunes. Disposez-les en bandes entre la chair pâle et la chair foncée du crabe.

POUR 4 PERSONNES

ROUGETS À LA SAUCE AUX AROMATES ET AUX CHAMPIGNONS

Ce poisson possède un léger goût de crevettes.
S'il est de toute première fraîcheur, on le fait cuire en lui laissant son foie – un délice.

450 g (1 lb) de petits champignons, entiers
1 gousse d'ail, épluchée, écrasée et hachée
45 mL (3 c. à s.) d'huile
15 mL (1 c. à s.) de persil haché fin
10 mL (2 c. à t.) de basilic haché fin
5 mL (1 c. à t.) de marjolaine ou thym, haché fin
Jus de 1 citron
50 mL (1/4 tasse) de vin blanc sec,
    mélangé à 2 mL (1/2 c. à t.) de fécule de maïs
Un peu de pâte d'anchois
4 rougets, d'environ 225 g (8 oz) chacun
10 mL (2 c. à t.) de chapelure blanche
10 mL (2 c. à t.) de parmesan fraîchement râpé

1. Mélanger les champignons, l'ail et l'huile d'olive dans une petite poêle. Couvrir et faire cuire 1 minute, à feu moyen, ou jusqu'à ce que les champignons soient tendres. Ajouter les aromates, le jus de citron et le mélange au vin. Porter à ébullition et faire cuire jusqu'à épaississement. Incorporer de la pâte d'anchois, au goût. Mettre de côté.

2. Pour nettoyer le poisson, lui fendre le ventre des ouïes en direction de la queue. Nettoyer la cavité et, si désiré, y laisser le foie.

3. Pour retirer les branchies (ouïes), soulever l'opercule et les couper avec des ciseaux tranchants. Bien rincer le poisson et l'essuyer.

4. Placer les poissons tête-bêche dans un plat peu profond allant au four. Les poissons devraient être serrés dans le plat.

5. Verser la sauce préparée sur les poissons et les saupoudrer de chapelure et de parmesan.

6. Recouvrir le plat d'un papier d'aluminium pas trop serré et faire cuire 20 minutes, dans un four préchauffé à 190 °C (375 °F). Si désiré, 5 minutes avant la fin de la cuisson, retirer le papier et augmenter légèrement la chaleur du four pour dorer les poissons.

Étape 3 Soulever l'opercule et utiliser des ciseaux de cuisine pour couper les branchies (ouïes).

Étape 4 Disposer les poissons tête-bêche dans un plat peu profond allant au four et juste assez grand pour y contenir les poissons.

Notes du chef

Temps
Comptez environ 30 minutes de préparation, et 5 minutes de cuisson pour la sauce et 20 minutes pour les poissons.

Préparation
Pour écailler les poissons, passez le dos de la lame d'un couteau sur le poisson, de la queue vers la tête. Rincez bien pour retirer toutes les écailles.

Variante
Utilisez d'autres poissons tels que les sardines ou les daurades.

POUR 4 PERSONNES

POISSON GRILLÉ

Griller un poisson avec des aromates et du citron est une des plus délicieuses façons de le préparer, et cette technique est particulièrement très utilisée dans les Îles grecques.

2 grosses daurades ou autre poisson entier
Thym et origan frais
Huile d'olive
Jus de citron
Sel et poivre
Feuilles de vigne
Quartiers de citron

1. Préchauffer le gril du four. Vider les poissons et bien les rincer. Les essuyer et saler, poivrer et arroser de jus de citron leur cavité. Placer des branches d'aromates frais à l'intérieur.

2. Avec un couteau, faire 3 incisions diagonales sur les 2 côtés des poissons. Mettre les poissons sur la grille et les arroser d'huile d'olive et de jus de citron.

3. Enfourner et faire griller environ 8 à 10 minutes de chaque côté, ou selon l'épaisseur des poissons.

Pour préparer de beaux quartiers de citron, couper premièrement les extrémités, puis détailler les citrons en 4 ou 8 quartiers, les épépiner et retirer la membrane blanche.

Étape 1 Ouvrir la cavité du poisson, la saler, la poivrer et l'arroser de jus de citron.

Étape 2 Utiliser un couteau tranchant pour inciser diagonalement le poisson des 2 côtés.

4. Bien rincer les feuilles de vigne si elles sont en conserve. Pour des feuilles de vigne fraîches, les arroser d'eau bouillante et les laisser tremper 10 minutes pour les ramollir. Les égoutter et les laisser refroidir légèrement. Tapisser un grand plat de service de feuilles de vigne et y placer les poissons cuits. Entourer de quartiers de citron.

Notes du chef

Temps
Comptez environ 20 minutes de préparation et 16 à 20 minutes de cuisson ou selon l'épaisseur des poissons.

Conseil
Pour faire griller uniformément des gros poissons, incisez la chair sur les 2 côtés.

Variante
On peut envelopper le poisson dans des feuilles de vigne avant de le faire cuire. Ce principe gardera le poisson tendre et augmentera sa saveur. Le rouget, la truite, les mérous, la sardine, les harengs ou le maquereau se prêtent bien à ce mode de cuisson.

Préparation
Si désiré, faites griller le poisson au barbecue. Attendez que les cendres soient blanches sur le dessus et huilez bien la grille avant d'y placer le poisson, ou utilisez une grille double pour poisson.

POUR 4 PERSONNES

TRUITES POÊLÉES

La truite est si délicieuse qu'elle exige un préparation simple.
La farine de maïs, le bacon et les pignons complètent sa saveur.

125 mL (1/2 tasse) d'huile végétale
60 mL (4 c. à s.) de pignons
8 tranches de bacon, en dés
250 mL (1 tasse) de farine de maïs
1 pincée de sel et de poivre
4 truites de 225 g (8 oz) chacune, nettoyées
Jus de 1 limette
Sauge ou coriandre fraîche

1. Faire chauffer 90 mL (6 c. à s.) d'huile dans une grande poêle. Ajouter les pignons et dorer, à feu moyen, en mélangeant sans cesse. Les égoutter sur du papier absorbant.

2. Mettre le bacon dans la poêle et le faire cuire jusqu'à croustillant, en remuant sans cesse. L'égoutter avec les pignons.

3. Mélanger la farine de maïs, le sel et le poivre. Passer les truites dans le mélange, puis presser ce dernier avec les doigts. Secouer pour enlever l'excédent.

4. Si nécessaire, ajouter de l'huile dans la poêle pour qu'elle atteigne le poisson à mi-hauteur. La faire chauffer, à feu moyen-vif.

5. Lorsque l'huile est chaude, y placer le poisson et faire cuire 4 à 5 minutes. Retourner le poisson et prolonger la cuisson 4 à 5 minutes. Si nécessaire, réduire le feu. Égoutter et finir la cuisson des poissons qui restent.

6. Jeter presque toute l'huile de la poêle. Réchauffer très rapidement le bacon et les pignons. Arroser de jus de limette et cuire quelques secondes. Déposer des cuillerées de pignons et de bacon sur le poisson. Garnir de sauge ou de coriandre.

Étape 3 Enrober la truite de farine de maïs et secouer l'excédent.

Étape 5 Placer 2 truites à la fois dans l'huile chaude et bien dorer le premier côté avant de les retourner.

Étape 6 Déposer la garniture aux pignons et bacon sur les truites cuites.

Notes du chef

Temps
Comptez environ 25 minutes de préparation et 15 à 20 minutes de cuisson.

Préparation
Enfarinez poisson, fruits de mer, ou poulet au moment de les faire cuire seulement. Si l'aliment reste trop longtemps enrobé avant la cuisson, son enrobage deviendra moite.

Variante
Remplacez la farine de maïs par de la farine blanche ou de blé entier.

POUR 4 PERSONNES

ROUGETS À L'AIL ET AUX TOMATES

Peu importe leur provenance, ces poissons sont tout à fait délicieux.

4 rougets de même grosseur
45 mL (3 c. à s.) d'huile d'olive
45 mL (3 c. à s.) de vin blanc sec
1 citron
2 gousses d'ail, épluchées, écrasées et hachées
Sel et poivre
350 g (3/4 lb) de tomates fraîches, émincées
   ou 398 mL (14 oz) de tomates en conserve, égouttées
Branches de persil ou d'aneth

1. Préchauffer le four à 190 °C (375 °F). Écailler le poisson en passant le dos de la lame d'un couteau sur la peau, en partant de la queue vers la tête.

2. À l'aide d'un couteau à poisson, fendre le ventre du poisson, des ouïes vers la queue. Nettoyer la cavité et laisser le foie si le poisson est très frais. Bien laver le poisson et l'essuyer.

Étape 1 Pour écailler le poisson, le tenir par la queue et passer le dos de la lame d'un couteau sur la peau, en partant de la queue vers la tête.

Étape 2 Avec un couteau à poisson, fendre le ventre du poisson, des ouïes vers la queue.

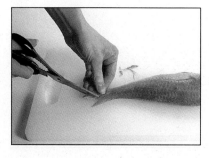

Étape 3 Bien rincer le poisson à l'eau froide et avec des ciseaux, tailler proprement la queue.

3. Couper les nageoires et tailler proprement la queue avec des ciseaux. Placer les poissons tête-bêche dans un plat allant au four. Mélanger l'huile et le vin et ajouter le jus de citron. Ajouter l'ail, le sel et le poivre. Verser le mélange sur les poissons. Disposer les tomates sur les poissons ou écraser les tomates en conserve et les mettre sur les poissons. Enfourner et faire cuire environ 25 minutes, en badigeonnant fréquemment, jusqu'à ce que les poissons soient cuits. Garnir d'aneth ou de persil.

Notes du chef

Variante
Avant la cuisson, parsemez le poisson de fenouil frais émincé en plus des tomates. Remplacez les rougets par des bars ou des darnes de morue ou de flétan.

Temps
Comptez environ 20 minutes de préparation et 25 minutes de cuisson.

Conseil
Consommez les rougets le jour même de l'achat, car ils ne se conservent pas bien.

POUR 2 PERSONNES

POISSON AIGRE-DOUX

En Chine, ce plat est presque toujours préparé avec un poisson d'eau douce,
mais le bar est aussi un excellent choix.

1 bar ou 1 carpe d'environ 900 g (2 lb), nettoyé
15 mL (1 c. à s.) de xérès
Quelques rondelles de gingembre frais
125 mL (1/2 tasse) de sucre
90 mL (6 c. à s.) de vinaigre de cidre
15 mL (1 c. à s.) de sauce soya
30 mL (2 c. à s.) de fécule de maïs
1 gousse d'ail, épluchée, écrasée et hachée
2 oignons verts, émincés
1 carotte, épluchée et émincée
50 mL (1/4 tasse) de pousses de bambou, émincées

1. Bien laver l'intérieur et l'extérieur du poisson. Avec un couteau tranchant, faire 3 incisions diagonales sur les deux côtés du poisson.

2. Couper les nageoires, sauf la nageoire dorsale.

3. Tailler la queue en 2 pointes.

4. Dans un wok, faire bouillir assez d'eau pour couvrir le poisson. Descendre délicatement le poisson dans l'eau bouillante et ajouter le xérès et le gingembre. Couvrir hermétiquement le wok et le retirer immédiatement du feu. Laisser reposer 15 à 20 minutes pour laisser cuire le poisson dans la chaleur de l'eau.

5. Pour vérifier la cuisson du poisson, tirer sur la nageoire dorsale. Lorsqu'elle se détache facilement, le poisson est cuit. Sinon, remettre le wok sur le feu et porter à ébullition. Retirer du feu et laisser reposer le poisson 5 minutes. Égoutter le poisson dans un grand plat de service chaud. Jeter le liquide de cuisson, sauf 50 mL (1/4 tasse). Ajouter le reste des ingrédients, y compris les légumes, et faire cuire jusqu'à ce que la sauce épaississe. Napper le poisson de sauce.

Étape 1 Bien rincer le poisson et faire 3 incisions diagonales sur les 2 côtés du poisson.

Étape 2 À l'aide de ciseaux, couper toutes les nageoires, sauf celle du dos.

Étape 3 Tailler le bout de la queue en 2 pointes.

Notes du chef

Temps
Comptez environ 25 minutes de préparation et 15 à 25 minutes de cuisson.

Conseil
Les incisions diagonales permettent une cuisson plus uniforme.

Variante
Si désiré, utilisez des plus petits poissons, tels que des rougets ou des truites. Le temps de cuisson ne sera que de 10 à 15 minutes.

Préparation
Vous pouvez faire cuire ce poisson au four dans un plat à rôtir ou dans du papier d'aluminium graissé, arrosé de xérès. Faire cuire à 190 °C (375 ° F) en calculant 10 minutes par 1 cm (1/2 po) d'épaisseur. Mesurez le poisson dans sa partie la plus épaisse.

POUR 4 PERSONNES

TRUITE AU CHORIZO

Cette saucisse d'origine espagnole existe en 2 versions: douce et piquante.
Choisissez celle qui s'adapte le mieux à vos goûts.

1 truite désossée de 900 g (2 lb)
225 g (1/2 lb) de chorizo ou autre saucisse épicée
Eau
1 petit poivron vert, épépiné et haché fin
2 petits oignons, hachés fin
1 tranche de pain, émiettée
50 mL (1/4 tasse) de vin blanc sec
Jus de 1 citron
125 mL (1/2 tasse) de yogourt nature
5 mL (1 c. à t.) de poudre d'ail
10 mL (2 c. à t.) de coriandre hachée
Sel et poivre

1. Si désiré, demander au poissonnier de désosser la truite en laissant la tête et la queue intactes.

2. Mettre le chorizo dans une casserole et le recouvrir d'eau. Porter à ébullition et faire cuire 10 minutes, pour l'attendrir et enlever l'excès de gras. Dépouiller le chorizo de sa peau et le hacher fin. Le combiner avec le poivron, les oignons, le pain émietté et le vin.

3. Arroser la cavité du poisson de jus de citron.

4. Farcir le poisson du mélange à la saucisse et le déposer sur un papier d'aluminium légèrement huilé. Sceller les extrémités pour former une papillote. Enfourner dans un four préchauffé à 180 °C (350 °F) et faire cuire 20 à 30 minutes, ou jusqu'à ce que le poisson semble ferme et sa chair, opaque.

5. Mélanger le yogourt, l'ail, la poudre d'ail, la coriandre, le sel et le poivre.

6. Enlever le poisson du papier et le placer sur un plat de service. Napper d'un peu de sauce et servir le reste séparément.

Étape 3 Arroser de jus de citron la cavité du poisson.

Étape 4 Remplir la cavité de la farce à la saucisse. Appuyer légèrement sur le poisson pour répandre uniformément la farce.

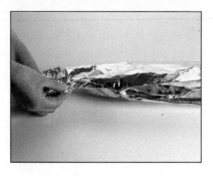

Étape 4 Sceller les extrémités du papier sans serrer le poisson.

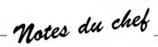
Notes du chef

Temps
Comptez environ 25 minutes de préparation, 10 minutes pour la cuisson de la saucisse et 25 minutes pour le poisson.

Guide d'achat
Le chorizo est une saucisse assez épicée, d'origine espagnole. Si désiré, remplacez le chorizo par une autre saucisse ou par un saucisson fumé. Pour ce dernier, omettez la pré-cuisson.

Variante
Remplacez la truite par un bar ou un mulet. Toutefois, n'utilisez pas cette farce avec le saumon, car elle est trop épicée.

POUR 4 À 6 PERSONNES

POISSON FARCI EN SAUCE

Un poisson farci fait toujours un impressionnant plat de résistance
pour un grand dîner. La farce permet de servir
un plus grand nombre de convives.

900 g à 1,5 kg (2 à 3 lb) de poisson entier
    carpe, bar ou truite saumonée
30 mL (2 c. à s.) de beurre fondu

Farce
1 petit oignon
15 mL (1 c. à s.) de beurre ou margarine
125 g (1/4 lb) de champignons, grossièrement hachés
1 œuf dur, écalé et grossièrement haché
175 mL (3/4 tasse) de panure
1 pincée de sel et de poivre
10 mL (2 c. à t.) d'aneth haché
10 mL (2 c. à t.) de persil haché
1 pincée de muscade

Sauce
125 mL (1/2 tasse) de crème sure
1 pincée de sucre
Zeste râpé et jus de 1/2 citron
1 pincée de sel et de poivre
Rondelles de citron et persil pour garnir

1. Demander au poissonnier de vider et de désosser le poisson, en laissant la tête et la queue intactes. Saler, poivrer la cavité. Mettre de côté.

2. Éplucher l'oignon et le couper en deux dans le sens de la longueur. Placer les demi-oignons à plat sur une planche à découper. Avec un couteau tranchant, faire 4 fentes parallèles à la planche dans chaque demi-oignon, sans couper jusqu'à la racine. Avec la pointe du couteau, commencer

Étape 2 Trancher l'oignon en travers pour obtenir des dés.

à 1 cm (1/2 po) de la racine et faire 4 à 5 fentes dans le sens de la longueur. Puis, recouper en travers, en minces tranches, pour obtenir des petits dés.

3. Faire chauffer 15 mL (1 c. à s.) de beurre dans une casserole de grandeur moyenne. Ajouter l'oignon et les champignons. Faire suer quelques minutes et verser dans un bol. Incorporer le reste des ingrédients.

4. Étaler uniformément la farce dans la cavité du poisson. Placer le poisson sur un papier d'aluminium légèrement beurré ou dans un grand plat à gratin. Arroser de beurre fondu. Enfourner dans un four préchauffé à 180 °C (350 °F), et faire cuire 30 à 35 minutes, en badigeonnant fréquemment. Si le dessus du poisson se dessèche trop facilement, le recouvrir, sans serrer, d'un papier d'aluminium.

5. Lorsque le poisson est cuit, mélanger tous les ingrédients de la sauce et en arroser le poisson. Prolonger la cuisson 5 minutes pour réchauffer la sauce sans qu'elle parvienne à ébullition. Dresser le poisson sur un plat de service. Garnir de citron et de persil.

Notes du chef

Conseil
À mi-cuisson, recouvrez la tête et la queue du poisson d'un papier d'aluminium légèrement beurré pour que le poisson ait une plus belle apparence sur le plat de service.

Temps
Comptez environ 20 minutes de préparation et 35 à 40 minutes de cuisson.

Variante
Si désiré, incorporez à la farce des dés de carotte et de poivron rouge ou vert, et des tomates hachées.

POUR 4 PERSONNES

ASPIC DE TRUITES

La présentation d'un aspic impressionne toujours les invités.
Mais lorsque les truites en font partie, le succès est assuré.

1,5 L (6 tasses) d'eau
1 pincée de sel et 6 grains de poivre noir
2 feuilles de laurier et tiges de persil
1 petit oignon, en dés
250 mL (1 tasse) de vin blanc sec
4 truites de même grosseur, nettoyées
2 blancs d'œufs
30 mL (2 c. à s.) de gélatine en poudre
Rondelles de citron, câpres et aneth, pour garnir

1. Dans une grande casserole ou une poissonnière, mélanger l'eau, le sel, le poivre, le laurier, le persil, l'oignon et le vin. Porter à ébullition et laisser mijoter 30 minutes.

2. Laisser refroidir légèrement et y mettre les truites. Couvrir et porter au point d'ébullition. Faire cuire, à feu doux, 5 minutes. Retirer le couvercle et laisser tiédir le poisson dans le liquide.

3. Égoutter délicatement le poisson et enlever la peau des 2 côtés pendant que le poisson est encore tiède. Passer le liquide de cuisson et réserver.

4. Lever les filets du poisson en prenant soin de ne pas les briser. Il ne doit plus rester de peau ni d'arêtes. Les disposer dans des assiettes individuelles.

5. Verser le liquide réservé dans une grande casserole et ajouter les blancs d'œufs. Porter à ébullition, à feu moyen, en remuant sans cesse au fouet. Les blancs d'œufs formeront une mousse épaisse sur le dessus du liquide.

6. Cesser de fouetter et laisser le liquide et les œufs bouillir sur les côtés de la casserole. Retirer du feu et laisser baisser. Répéter 2 fois le même procédé.

Étape 9 Décorer le dessus du poisson et le recouvrir d'une couche de gelée. Lorsqu'elle est bien prise, le recouvrir complètement d'une seconde couche.

7. Tapisser une passoire de plusieurs épaisseurs de papier absorbant ou d'un linge propre. Mettre dans un bol et verser le mélange aux œufs dans la passoire. Laisser égoutter lentement. Ne pas laisser les blancs d'œufs tomber dans le liquide clarifié.

8. Prendre 250 mL (1 tasse) du liquide clarifié et y dissoudre la gélatine. Si nécessaire, faire chauffer doucement le mélange pour dissoudre complètement la gélatine. Reverser le mélange dans le liquide clarifié qui reste. Placer le bol dans l'eau froide pour faire épaissir la gélatine.

9. Décorer le poisson de rondelles de citron, de câpres et d'aneth. Lorsque la gelée devient sirupeuse et légèrement épaisse, la verser délicatement sur le poisson garni. Faire prendre au réfrigérateur.

10. On peut réchauffer la gelée en plaçant le bol dans l'eau chaude. Ne pas la fouetter trop vigoureusement, car elle formera des bulles. Faire prendre de nouveau au réfrigérateur et recouvrir complètement le poisson d'une couche de gelée. Réfrigérer pour que la gelée prenne complètement sur le poisson et servir froid.

Notes du chef

Temps
Comptez environ 50 à 60 minutes de préparation, 15 minutes pour clarifier le bouillon et 35 minutes pour la cuisson du poisson.

Préparation
L'ajout de blancs d'œufs élimine les particules qui brouillent le bouillon. Les particules restent dans les blancs et nous donnent un bouillon clarifié très clair pour préparer l'aspic.

Conseil
Si le liquide est encore trop brouillé après l'avoir passé, placez la même passoire au-dessus d'un bol propre et reversez le bouillon dans la passoire à travers la croûte de blancs d'œufs. Ceci devrait produire un bouillon très clair.

POUR 4 PERSONNES

POISSON EN PAPILLOTE

Ce plat ne manquera pas d'impressionner le plus difficile de vos convives.
Cette recette exige l'utilisation d'un fumet maison.

Parures et arêtes de poisson
1 feuille de laurier, 1 branche de thym et 2 brins de persil
6 grains de poivre noir
1 rondelle de citron
250 mL (1 tasse) de vin blanc sec
250 mL (1 tasse) d'eau
4 filets entiers de corégone
8 grosses crevettes fraîches, décortiquées et déveinées
4 pinces de crabe, décortiquées
60 mL (4 c. à s.) de beurre ou margarine
1 oignon, haché fin
45 mL (3 c. à s.) de farine
1 pincée de sel et de poivre
2 jaunes d'œufs

1. Préchauffer le four à 190 °C (375 °F). Pour préparer le fumet de poisson, mettre les parures et les arêtes de poisson dans une grande casserole. Ajouter le laurier, le thym, le persil, les grains de poivre et le citron. Incorporer le vin et l'eau, et porter à ébullition. Réduire le feu et laisser mijoter 20 minutes. Passer et mettre de côté.

2. Couper du papier ciré en 4 ovales assez grands pour envelopper le poisson. Plier le papier en 2 et huiler légèrement les 2 côtés.

3. Disposer chaque filet sur une moitié du papier et recouvrir de 2 crevettes et 1 pince de crabe.

4. Faire fondre le beurre dans une casserole à fond épais. Faire dorer l'oignon 2 à 3 minutes. Ajouter la farine et cuire 2 à 3 minutes, à feu moyen, en remuant souvent.

5. Incorporer graduellement le fumet de poisson en remuant vigoureusement au fouet. Saler, poivrer. Faire cuire 4 à 5 minutes à feu moyen, ou jusqu'à ce que la sauce épaississe.

Étape 3 Placer filet de poisson, crevettes et pince de crabe sur le papier huilé.

Étape 6 Napper le poisson de sauce chaude.

6. Mélanger les jaunes d'œufs à quelques cuillerées de sauce chaude. Reverser le mélange dans la sauce. Napper chaque filet de sauce. Refermer les papillotes et ourler le bord pour bien sceller.

7. Déposer les papillotes sur une tôle à biscuits ou dans des plats à gratin peu profonds. Enfourner dans le four préchauffé et faire cuire 20 minutes.

8. Laisser ouvrir les papillotes à table, par les invités. Servir séparément le reste de la sauce.

Notes du chef

Temps
Comptez environ 40 minutes de préparation, 20 minutes de cuisson pour le fumet et 20 minutes pour les papillotes.

Conseil
Ne faites cuire le fumet de poisson que 20 minutes. Une cuisson prolongée lui donnera un goût amer.

Préparation
Réchauffez la sauce, à feu doux, en remuant sans cesse. Ne la laissez pas bouillir, car elle tournera.

INDEX